Rudolf Wöhrle

Mit Gott auf dem Weg zur Heilung der Welt

AF002327

Rudolf Wöhrle

Mit Gott auf dem Weg zur Heilung der Welt

Predigten für den spirituellen Weg

Fromm Verlag

Imprint
Any brand names and product names mentioned in this book are subject to trademark, brand or patent protection and are trademarks or registered trademarks of their respective holders. The use of brand names, product names, common names, trade names, product descriptions etc. even without a particular marking in this work is in no way to be construed to mean that such names may be regarded as unrestricted in respect of trademark and brand protection legislation and could thus be used by anyone.

Cover image: www.ingimage.com

Publisher:
Fromm Verlag
is a trademark of
Dodo Books Indian Ocean Ltd. and OmniScriptum S.R.L publishing group

120 High Road, East Finchley, London, N2 9ED, United Kingdom
Str. Armeneasca 28/1, office 1, Chisinau MD-2012, Republic of Moldova, Europe
Managing Directors: Ieva Konstantinova, Victoria Ursu
info@omniscriptum.com

Printed at: see last page
ISBN: 978-3-8416-0494-1

Copyright © Rudolf Wöhrle
Copyright © 2014 Dodo Books Indian Ocean Ltd. and OmniScriptum S.R.L publishing group

Inhalt

Aufbrechen - 1. Mose 12,1-4	3
Im Austausch mit Gott - 2. Mose 32,7-14	8
Gott an deiner Seite - Jesaja 43,1-7	13
Heilung zum wahren Leben - Matthäus 9,9-13	18
Mein Schatz - Matthäus 13,44-46	23
Gott lädt uns ein zu seinem Fest - Matthäus 22,1-14	28
Offensein für den menschlichen Gott - Lukas 1, 26-38	33
Glauben ist Dankbarkeit - Lukas 17,11-19	37
Die offene Tür - Lukas 13,22-30	42
Die Quelle in dir - Johannes 4,4-30	47
Verbunden mit der höheren Welt - Johannes 8,21-30	52
Was die Kirche im Innersten zusammenhält - Johannes 15,9-17	57
Gott sagt Ja zu dir - 2.Korinther 1,18-22	62
Das weite Herz - 2. Korinther 6,1-11	66
In der Mitte des Kreuzes - Korinther 1,22-24	71
Angestrahlt vom ewigen Licht - Predigt zu Hebräer 1,1-6	75

Aufbrechen - Predigt zu 1. Mose 12,1-4

Und der HERR sprach zu Abram: Geh aus deinem Land und aus deiner Verwandtschaft und aus dem Haus deines Vaters in das Land, das ich dir zeigen werde. Ich will dich zu einem grossen Volk machen und will dich segnen und deinen Namen gross machen, und du wirst ein Segen sein. Segnen will ich, die dich segnen, wer dich aber schmäht, den will ich verfluchen, und Segen sollen durch dich erlangen alle Sippen der Erde. Da ging Abram, wie der HERR es ihm gesagt hatte, und Lot ging mit ihm. Abram aber war fünfundsiebzig Jahre alt, als er von Charan auszog.

So hat alles begonnen. Unsere ganze Welt heute, über 3000 Jahre später, würde völlig anders aussehen, wenn Abram damals zu Hause geblieben wäre. Es gäbe kein Judentum, kein Christentum und auch keinen Islam. Es gäbe die Kultur nicht, die sie gebracht haben, die Medizin und Wissenschaft, die auf dem Boden dieser Religionen entstanden sind: Es gäbe auch all die Kriege zwischen ihren Anhängern nicht.
Es wäre heute eine völlig andere Welt, wäre Abram nicht losgezogen. Grund genug hätte er gehabt. Er war 75 Jahre alt. Er hatte ein Haus, wo er mit seiner Frau und seinem Neffen lebte. Abram hätte mit seinen 75 Jahren sehr gut sagen können: "Ich bin alt, einen alten Baum verpflanzt man nicht mehr."
Und denken wir uns einmal ehrlich: Ich hätte einen Onkel, der 75 und kinderlos ist, bei dem ich wohne, und der Onkel sagt eines Tages: "Neffe, ich bin es leid, hier fest zu sitzen, ich muss weg, ich steige aus, ich fange noch einmal ganz neu an. Gott hat mir gesagt, ich soll von hier weg gehen. Er wird mir ein Land zeigen, wo meine Nachkommen einmal wohnen werden, und durch mich wird er alle Völker der Welt segnen. Ab jetzt leben wir als Nomaden." Ich glaube, wir müssten nicht zweimal nachdenken, wir würden den Psychiater anrufen. Hoffentlich könnte der meinem Onkel helfen, dem armen Kerl.
Hier lohnt es sich allerdings noch, den Zusammenhang zu beachten. Abram oder Abraham - wie er später hiess - war bereits mit seinem Vater aufgebrochen aus Ur in Chaldäa oder Kasdäa, um nach Kanaan zu ziehen. "Und sie kamen bis Charan und

liessen sich dort nieder." Auf halbem Weg vom heutigen Südirak nach Israel, praktisch im heutigen Syrien, blieben sie stecken. Der Vater musste erst sterben, bevor Abraham frei war, seinen Weg zu gehen.

Abraham jedenfalls ist losgezogen. Er hat alles hinter sich gelassen. Seine Wurzeln, seine Verwandtschaft, seine Heimatsprache, und hat sich auf den Weg gemacht. Die Nachkommen, die er dann doch haben sollte, würden noch einige Jahrhunderte heimatlos sein. Ein grosses Nomadenvolk, das später in einem kleinen Land leben sollte, dann wieder einige Jahrtausende heimatlos sein, bis sie heute mehr sind, als je in dieses kleine Land passen werden.

Auf Abrahams anderen Sohn Ismael beruft sich eine andere grosse Weltreligion, der Islam. Und die, die an Jesus Christus glauben, berufen sich genauso auf Abraham, aber nicht auf die Abstammung, sondern auf den Glauben, das Vertrauen, das er in Gott gesetzt hat. Und alle meinen, sie seien die richtigen geistigen oder geistlichen Erben dieses Mannes.

Abraham ist losgezogen hinaus ins Unbekannte, in eine offene Zukunft, weil er eine grosse Verheissung bekommen hatte. Dadurch ist er zum Urbild und Vorbild des Glaubens und der Spiritualität geworden. Gauben heisst aufbrechen.

Wieso bindet Gott Verheissung oder Segen und Aufbruch zusammen? Weiss er denn nicht, dass Menschen in unserer Welt schon genug Angst haben? Kaum ein Bereich unseres persönlichen und gesellschaftlichen Lebens bleibt doch von Umbrüchen und Abbrüchen verschont. Warum dann noch die Aufforderung, aufzubrechen und das Alte hinter sich zu lassen? Müsste uns der Glauben nicht viel mehr Ruhe, Sammlung und Einkehr bringen als Aufbruch ins Ungewisse?

Babylonien war der Inbegriff von Kultur und Zivilisation, von Wohlstand und Luxus. Die babylonische Kultur pflegte den Luxus, aber auch die Literatur und die Wissenschaft, nicht zuletzt auch die Magie. Bewässerte Gärten trotzten der Wüste die herrlichsten Früchte ab. Wunderschöne Kunstgegenstände hat der Wüstensand aufbewahrt bis auf den heutigen Tag. Eine wahrhafte Hochkultur. Aber Gott musste Abraham hinausführen in die Wüste, um mit ihm zu reden und ihn zu gebrauchen.

Denn damals wie heute tönen Wohlstand und Kultur mit lauter Stimme. Das Vertrauen auf das Materielle und die eigenen Möglichkeiten und Kräfte verschliesst das Innere für die Stimme des Geistes, für Gottes Ruf. Damals wie heute. Es sind so viele Stimmen und Eindrücke von aussen, dass wir uns selbst, unser Inneres, unsere Gefühle nicht mehr wahrnehmen und ernst nehmen. Es müssen nicht babylonische Türme sein, die falsches menschliches Selbstbewusstsein ausdrücken. Heute ist es vielleicht der unbedingte und ausschliessliche Glauben an die Wissenschaft oder das Vertrauen in die Ökonomie des Marktes und das ungebrochene Selbstbewusstsein, das schon damals die Menschen Ziegel brennen liess bis zum Geht-nicht-mehr: Packen wir's nur an, dann werden wir's schon schaffen.

Wo Gott Menschen beruft, da ruft er sie hinaus aus dem Gewohnten, dem Vertrauten, aus Sicherheiten. Die Stimme des Geistes oder Gottes, die der Mensch in seinem Inneren vernimmt, führt ihn heraus aus den Loyalitäten des Stammes und der Familie. Das war bei den Propheten so, das war bei Jesus so. "Wer den Willen Gottes tut, der ist mir Bruder und Schwester und Mutter," sagte er, als seine Familie ihn holen wollte. Gott ruft Menschen heraus, er will sie hinausführen über alle Grenzen in ein anderes Land.

Für Abraham war das sehr konkret der Beginn einer Wanderschaft ins Ungewisse. Auszug beginnt vielleicht für uns damit, dass wir den Unterschied wahrnehmen zwischen Wohl*stand* und Wohl*sein*, dass wir einfach anfangen zu merken, wie wir uns wirklich fühlen. Aufbruch, Auszug, das heisst für uns zunächst einmal, zu horchen in uns selbst und in die weite Welt, zu erkennen, dass unsere hoch entwickelte Welt mit ihrem Lebensstandard erkauft wird mit der Entfremdung von uns selbst und der Natur und mit der Armut eines grossen Teils der Menschheit. Das heisst, wieder zu entdecken, dass Leben mehr ist als das, was sich mit ökonomischen Kennzahlen und Geldbeträgen bewerten lässt. Und dabei werden wir wahrnehmen, wie viel uns verloren gegangen ist bei all unserem Reichtum.

Babylonien, die Hochkultur, war das Ergebnis eigener, menschlicher Tüchtigkeit. Aber wenn Menschen und Völker nur noch auf sich selbst vertrauen und nicht auf Gott, dann entstehen babylonische Verhältnisse, die Herrschaft der Ellenbogen, die

Diktatur des Ego, die Durchsetzung des Stärkeren. Milch und Honig fliessen für die einen dank dem Schweiss, oft den Tränen und manchmal dem Blut der anderen.

Christel Nani erzählt von einem Mann, Jay, der auch zu einem neuen Leben aufgebrochen ist. Jay war Safari-Führer und -Jäger. Er tötete Tiger und Elefanten, Nashörner, Flusspferde und Zebras, Leoparden, Löwen und auch Giraffen. Er suchte die Fährte der Tiere, verfolgte sie, lockte die Raubtiere sogar mit sorgfältig verteilten Zebra-Kadavern an, kreiste sie ein, und liess sie dann von seinen Kunden abknallen - und das alles nur für Geld, um reichen, bequemen Leuten für viel Geld zum reinen Vergnügen das Erlegen von Trophäen zu ermöglichen. Dabei spielte es keine Rolle, dass die Tiere zum Teil zu den bedrohten Arten zählen und unsere Enkel sie vielleicht nicht mehr sehen werden. Fünfzehn Jahre lang verfolgte Jay diesen Job.

Und dann, als er das Haus eines der Jäger besuchte, hatte er eine Offenbarung. Es war nicht, dass die Ausrottung von Arten das Gleichgewicht auf unserem Planeten verändert. Es war auch nicht die Verachtung für die Lügen der Jäger, die sie um ihre angeblichen Abenteuer spannen. Es war auch nicht die unfaire Art, wie die unschuldigen Tiere gelockt und verfolgt, eingekreist und abgeschossen wurden, nur um damit zu prahlen. Nein, seine Offenbarung betraf die niedrige Selbstachtung und die unersättliche menschliche Gier.

Jay ging im Trophäenraum des Jägers umher, als er seinen grossen Aha-Moment hatte. Er schaute nicht in zwei Augen, die einem Elefanten oder Geparden gehörten, sondern in sechs von verschiedenen Tieren. Warum brauchten diese Jäger überhaupt nur eine solche Trophäe? Wegen ihrer unersättlichen Gier, die aus einer niedrigen Selbstachtung kommt. Und dann realisierte er, dass sogar drei Trophäenköpfe niemals genug sein würden, und plötzlich verstand er die verdrehte und ungesunde Motivation dieses Jagens. Und in dem Augenblick gab er es auf.

Er traf eine Entscheidung, nicht nur mit dem Jagen aufzuhören, sondern einzutreten in eine Welt des Gesprächs, des Tierschutzes und der Bildung. Zuerst mietete er Land von der tansanischen Regierung und schuf ein sicheres Refugium für viele der Tiere, die er vorher gejagt hatte. Dann begann er mit Bemühungen, die Leute zu informieren über die Wichtigkeit der Erhaltung von Land und Leben. Er ist auch daran, einen

Korridor zu schaffen für die Elefanten, dass sie ungefährdet zu Wasserstellen gelangen können. Und jedes Mal wenn seine Wachen einen Wilderer erwischen, bietet er ihm einen Job an, Tiere zu schützen, weil er weiss dass der Wilderer nach einer Gefängnisstrafe von ein paar Monaten nachher nur wieder zum Wildern zurück kehrt.

Jay bedauert, was er früher getan hat, aber erhängt nicht an der Vergangenheit, sondern setzt seine Energie für etwas Gutes in der Gegenwart ein und baut auf die Zukunft hin.

Christel Nani zeigt dann fünf Schritte auf:

Erstens, wenn du Gelegenheit hast, etwas wieder gut zu machen bei jemandem, den du mit Gedanken, Worten oder Taten verletzt hast, dann tu es. Es spielt keine Rolle, ob die Person noch lebt oder ob sie die Entschuldigung annimmt.

Zweitens sei dir deines Fehlers bewusst und übernimm die spirituelle Verantwortung dafür und gelobe, es nicht mehr zu tun. Den Fehler zu beklagen und dich zu verurteilen, bringt nichts, es stellt nur dich ins Zentrum. Wenn du über jemand schlecht geredet hast zum Beispiel, dann frage dich, was die Motivation war: Warst du neidisch auf den Erfolg des anderen?

Drittens sprich ein Gebet für die Person und bitte Gott, sie und dich zu segnen, und empfange diesen Segen mit offenem Herzen.

Viertens, mach dich auf, bewege dich. Aktuelle Forschungen zeigen, dass ununterbrochenes Sitzen für drei Stunden oder mehr das Leben verkürzt. Denk an andere Menschen und tu etwas für jemanden. Besuche einen älteren Nachbarn, spiele mit den Kindern, lies einem Patienten vor, oder halte einfach jemandes Hand.

Fünftens triff die Entscheidung und setze deine Absicht dahin, vorwärts zu gehen und deine Energie auf etwas Gutes in der Welt zu lenken.

Es geht darum, die Vergangenheit hinter sich zulassen und in der Gegenwart zu leben und vorwärts zu gehen.

Glauben ist kein Zustand, sondern ein Unterwegssein. Martin Luther hat es so gesagt: „Dieses Leben ist keine Frömmigkeit, sondern ein Fromm-Werden, keine Gesundheit, sondern ein Gesund-Werden, kein Wesen, sondern ein Werden, keine Ruhe, sondern ein Üben. Wir sind es noch nicht; werden es aber." Amen.

Im Austausch mit Gott - Predigt zu 2. Mose 32,7-14

Da redete der HERR zu Mose: Geh, steige hinab. Denn dein Volk, das du aus dem Land Ägypten heraufgeführt hast, hat schändlich gehandelt. Schon sind sie abgewichen von dem Weg, den ich ihnen geboten habe. Sie haben sich ein gegossenes Kalb gemacht und sich vor ihm niedergeworfen, ihm geopfert und gesagt: Das sind deine Götter, Israel, die dich aus dem Land Ägypten heraufgeführt haben.

Dann sprach der HERR zu Mose: Ich habe dieses Volk gesehen, und sieh, es ist ein halsstarriges Volk. Und nun lass mich, dass mein Zorn gegen sie entbrenne und ich sie vernichte. Dich aber will ich zu einem grossen Volk machen.

Da besänftigte Mose den HERRN, seinen Gott, und sprach: Warum, HERR, entbrennt dein Zorn gegen dein Volk, das du mit grosser Kraft und mit starker Hand aus dem Land Ägypten herausgeführt hast? Warum sollen die Ägypter denken: In böser Absicht hat er sie hinausgeführt, um sie in den Bergen umzubringen und sie vom Erdboden zu vertilgen. Lass ab von deinem glühenden Zorn, und lass es dich reuen, dass deinem Volk Unheil droht. Gedenke deiner Diener Abraham, Isaak und Israel, denen du bei dir selbst geschworen und zu denen du gesagt hast: Ich will eure Nachkommen mehren wie die Sterne des Himmels, und dieses ganze Land, von dem ich gesprochen habe, will ich euren Nachkommen geben, und sie werden es für immer in Besitz nehmen.

Da reute es den HERRN, dass er seinem Volk Unheil angedroht hatte.

Enttäuschte Liebe ist der Stoff vieler Geschichten. Enttäuschte Liebe spielt im Leben immer wieder eine wichtige Rolle. Nicht erwiderte Liebe, enttäuschte Liebe, verratene Liebe birgt ein gewaltiges Potential zerstörerischer Kräfte. Enttäuschte Liebe wird zum Anfang vom Ende.

Auch Gottes Geschichte mit seinen Menschen ist eine Geschichte enttäuschter Liebe. Von Anfang an. Gott ist enttäuscht von den Menschen und verbannt sie aus dem Paradies. Gottes Geschichte mit den Menschen ist eine Geschichte enttäuschter Liebe, weil sie eben wirklich eine Liebesgeschichte ist. Das ist ja nicht selbstverständlich oder zum Vornherein klar.

In der jüdischen Überlieferung gibt es die Aussage eines grossen Rabbis: "Mehr noch als das Kalb trinken will, will die Kuh stillen." In der jüdischen Mystik wird das als Gleichnis verstanden, das zeigt, wofür Gott die Welt erschaffen hat, das die Beziehung zwischen Gott und der Welt, zwischen Gott und den Menschen veranschaulicht. So merkwürdig das vielleicht klingen mag: Gott will geben, vor allem aber sehnt er sich nach Partnerschaft. Gott will wechselseitige Beziehung und Austausch, er will Partner, die mitwirken und mitschaffen. Darum stellt enttäuschte Liebe für ihn sein ganzes Schöpfungswerk, seinen ganzen Plan, ja ihn selbst und sein Wirken und Schaffen in Frage.

Die Geschichte enttäuschter Liebe wiederholte sich für Gott immer wieder - sie ist eine Urgeschichte. So wiederholt sie sich auch hier mit Israel. Als Mose auf dem Berg Sinai war und Gott zu ihm sprach und ihm die beiden steinernen Gesetzestafeln überreichte, war das Volk offenbar müde vom Warten, unsicher, ob Mose überhaupt zurückkehren würde. Und sie beauftragten Aaron, ihnen ein Götterbild zu schaffen, das sichtbar ist, das vor ihnen hergeht, das ein Ende mit allen Unsicherheiten und Zweifeln macht. Und so tanzten sie ums goldene Kalb. Sie ertrugen die Offenheit und Freiheit der Beziehung und Partnerschaft nicht, das Wagnis hinaus ins Unbekannte. Sie wollten Sicherheit, sie wollten alles im Griff haben. Sie wollten sich an etwas Festes, Sichtbares, Greifbares halten können.

Sind uns diese Gedanken fremd? Wie oft ist Gott verborgen und unverständlich, fern und unerfahrbar für uns? Wie oft fragen wir nach einem klaren Eingreifen und Handeln Gottes? "Warum lässt Gott so viel Unrecht und Gewalt, so viel Leid und Not zu?" Wir halten uns doch oft lieber ans Materielle und Finanzielle, ans Ökonomische und sogenannt Wissenschaftliche - unsere modernen und postmodernen goldenen Kälber. Das ist doch auch viel populärer und medienwirksamer, viel anschaulicher und unterhaltsamer - wie das goldene Kalb schon damals. Welchen Platz hat da der unsichtbare, bildlose Gott, der ewige Ich-bin-da, der als Stimme in unseren Herzen wahrgenommen werden will, die uns in die Freiheit und in die Verantwortung, zur Liebe und Partnerschaft mit dem Schöpfer ruft?

Und wie reagiert Gott? Wie würden wir uns verhalten, wenn wir an seiner Stelle wären? Enttäuschte Liebe schlägt zurück - viele in Liebe und Partnerschaft Enttäuschte haben es vorgemacht. Kommt auch bei Gott der Zorn - die Rückseite und Schattenseite der Liebe: Wenn du nicht willst, dann lasse ich dich fallen und vernichte, was gegen meine Liebe steht? Wie reagieren wir, wenn unsere Gefühle verletzt und mit Füssen getreten werden, wenn wir mit groben Fehlern anderer konfrontiert werden? Nicht nur einmal, sondern immer wieder? Werden wir eifersüchtig und wütend, entwickeln wir unheimliche, zerstörerische Kräfte? Oder resignieren wir einfach? Das wäre alles nur allzu menschlich.

Wie reagiert Gott? Zunächst - so berichtet es die Bibel - tatsächlich sozusagen nur allzu menschlich: *Lass mich, dass mein Zorn gegen sie entbrenne und ich sie vernichte.* Was heisst das in Bezug auf die Partnerschaft zwischen dem Schöpfer und seinen Geschöpfen? Es heisst doch, dass die Partnerschaft wirklich ernst gemeint ist. Gott macht sich von den Menschen abhängig, er bindet sich an uns, er verbindet sich mit uns. Unser Verhalten hat Auswirkungen auf ihn und sein Verhalten. Gott ist nicht starr wie Stein, er ist beweglich und lässt sich bewegen, er tritt in Beziehung und Austausch mit der Schöpfung, mit den Menschen. Weil Gott bewegt wird, darum kann er auch in menschlicher Sprache, in menschlichen Bildern mit uns reden. Er will uns bewusst machen, was wir tun. Er will uns spiegeln, was wir machen: Wenn die Menschen sich von Gott lösen, fallen sie ins Nichts, in die Vernichtung - wie das Schoss am Weinstock im Gleichnis von Jesus verdorrt, wenn es nicht am Weinstock bleibt.

Darum beklagt Gott einmal durch den Propheten Jeremia: *Hat je eine Nation Götter eingetauscht? Und das sind nicht einmal Götter! Mein Volk aber hat seine Herrlichkeit eingetauscht gegen das, was nichts nützt. Denn eine doppelte Bosheit hat mein Volk begangen: Mich haben sie verlassen, die Quelle lebendigen Wassers, um sich dann Brunnen auszuhauen, rissige Brunnen, die das Wasser nicht halten.*

Ist Israel ein Sklave oder ein unfrei Geborener? Warum ist er zur Beute geworden? Hast du dir dies nicht selbst angetan, da du den HERRN, deinen Gott, verlassen hast in der Zeit, als er dich leitete auf dem Weg?
Wer die Quelle allen Lebens verlässt, ist verloren. Alle selbst gehauenen Brunnen helfen nicht, sie können das Wasser nicht halten. Gott verwirft keinen Menschen. Die Menschen tun es sich selbst an. Die Hölle schaffen wir uns im Grunde selbst, wenn wir uns von Gott lösen. Getrennt von der Quelle gibt es kein Wasser und kein Leben. Aber Gott lässt die Menschen nicht los. Er hat sich mit den Menschen verbunden, einen ewigen Bund mit ihnen geschlossen. Er will, dass wir lernen und wachsen zur Vollendung in der Liebe. Darum führt der durch Proben und Prüfungen, oft auch durch schwere Erfahrungen.
So stellt er Mose in Aussicht, mit ihm neu anzufangen, so quasi: "Komm, wir lassen die anderen, die Abtrünnigen fallen und fangen miteinander neu an. Die andern lasse ich fallen, aber du bist mir wichtig." Müsste sich Mose da nicht geschmeichelt fühlen und sich auserwählt vorkommen? Alle werden vernichtet, und er darf leben? Mose wird auf die Probe gestellt. Wie geht er mit diesem Angebot um?
Mose ist zur Reife in der Liebe gelangt. Ihm geht es nicht um ihn selbst, sondern auch um die anderen. Die andern sind ihm genauso wichtig. "Du sollst deinen Nächsten lieben wie dich selbst." Mose liebt die Menschen, weil er an die Liebe und Treue Gottes glaubt: *Warum, HERR, entbrennt dein Zorn gegen dein Volk, das du mit grosser Kraft und mit starker Hand aus dem Land Ägypten herausgeführt hast? Warum sollen die Ägypter denken: In böser Absicht hat er sie hinausgeführt, um sie in den Bergen umzubringen und sie vom Erdboden zu vertilgen. Lass ab von deinem glühenden Zorn, und lass es dich reuen, dass deinem Volk Unheil droht. Gedenke deiner Diener Abraham, Isaak und Israel, denen du bei dir selbst geschworen und zu denen du gesagt hast: Ich will eure Nachkommen mehren wie die Sterne des Himmels, und dieses ganze Land, von dem ich gesprochen habe, will ich euren Nachkommen geben, und sie werden es für immer in Besitz nehmen.*
Da reute es den HERRN, dass er seinem Volk Unheil angedroht hatte.

Wieder lässt sich Gott bewegen durch Menschen. Mose nimmt die Partnerschaft mit Gott ernst. Und Gott lässt sich erinnern an seine grosse Liebe für sein Volk. Er lässt sich erinnern an seine Geschichte mit den Vätern und Müttern des Glaubens, an seinen Segen, den er verheissen hat, an die grosse Zukunft, die er zugesagt hatte.

Michael Goldberger schreibt: "Die Geschichte des Goldenen Kalbes wurde mitten in den Bericht über den Bau des Stiftszeltes eingeschoben. Das Stiftszelt ist nicht Wohnort Gottes. Es ist vielmehr sichtbares Zeichen dafür, dass Gott zwischen uns Wohnsitz nimmt. Explizit sagt Gott: «Schafft mir ein Heiligtum, dass ich unter Euch wohnen kann.» [Exodus 25,8] Nicht im Tempel selbst will Gott sein, sondern inmitten der Menschen. Ob Gott inmitten des Volkes wohnt, hängt davon ab, ob dieses bereit ist, Platz für Gott zu schaffen. Ob Gott in uns wohnt, hängt davon ab, ob wir Ihm den notwendigen Raum schaffen.

«Wo wohnt Gott?» Mit dieser Frage überraschte und provozierte einst der chassidische Meister Menachem Mendel von Kotzk (1787-1859) seine Anhänger. Belustigt antworteten sie, es stehe doch geschrieben, die ganze Welt sei voll von der Herrlichkeit Gottes [vgl. Jesaja 6,3]. Bedächtig schüttelte der Rabbi den Kopf und meinte: «Gott wohnt dort, wo man Ihn hereinlässt.»"

Enttäuschte Liebe muss nicht tödlich enden. Die Kraft der Liebe kann einen Neuanfang ermöglichen. Jesus Christus hat diese Liebe ganz menschlich bis zur Vollendung gelebt. Er liess sich auch von Sündern einladen und stiftete eine ganz neue Gemeinschaft. Er nahm eine kranke Hand und gab ihr das Leben zurück. Er stand am Bett eines toten Mädchens und erweckte sie aus dem Schlaf. Er machte Gott so menschlich, so nah. Sogar in seinem Leiden und Sterben war er bei den Menschen, auch bei denen, die ihn enttäuscht hatten. Er konnte für die um Vergebung bitten, die ihn kreuzigten. Doch sein Ende wurde zu einem Neuanfang, das Kreuz zum Zeichen seiner nicht endenden Liebe, das leere Grab zum Zeichen, dass er nicht tot ist, sondern voller Leben.

Gott hat uns ein Bild seiner Liebe geschenkt. Gott ist uns menschlich so nahe. Zu ihm können wir kommen, zu ihm beten, ihn bewegen - und uns mit ihm bewegen. An die Stelle der enttäuschten Liebe ist die alles überwindende Liebe getreten.

Gott an deiner Seite - Predigt zu Jesaja 43,1-7

Sie ist traurig. Sie ist oft traurig. Sie kann es meist gar nicht genau benennen, warum. Natürlich gibt es da im Alltag Dinge, an denen sie sich reibt. Es gibt auch Konflikte, aber eigentlich alles kein Grund sooo traurig zu sein. Vieles hat sie schon an grossen und kleinen Sachen in ihrem Leben versucht zu verändern, um diese Stimmung abzulegen. Wenn sie die doch endlich einfach abschütteln könnte! Es ist eine Schwere, die alles lähmt und umfängt. Die alles dunkel und kalt macht und manchmal allen Sinn und alle Freude einfach verschluckt. Diese Traurigkeit ist, als ob ihr das Wasser bis zum Hals steht und sie darin zu ertrinken droht. „Wenn ich keinen Glauben hätte, dann hätte ich keine Kraft für dieses Leben immer wieder zu kämpfen", sagte sie nicht nur einmal. Aber mit Gott an meiner Seite, finde ich doch immer wieder neue Kraft. Gott, der dich geschaffen hat, spricht: *Fürchte dich nicht. Wenn du durch Wasser gehst - ich bin bei dir, und durch Flüsse - sie überfluten dich nicht.*

Er hat sich selbständig gemacht. Die eigene Firma war sein grosser Traum. Alles, was er hatte, hat er dort hinein investiert. Alles Geld, alle Zeit, alles Engagement, alle Liebe. Er hat sogar mehr gegeben, als er hatte. Er war ganz gefangen in seiner Firmenidee und merkte gar nicht, was um ihn herum geschah. Frau und Kinder entfernten sich von ihm. Zeit für Freunde und Bekannte blieb ja sowieso fast nie. Und die Anzeichen, dass es auch wirtschaftlich immer schwieriger wurde, konnte und wollte er einfach nicht sehen. Und jetzt: Jetzt hat seine Frau die Scheidung gefordert. Er ist völlig verschuldet und spürt, dass auch die Gesundheit angekratzt ist. Es ist als ob von überall lodernde Flammen ihn versuchen zu erfassen – und er bald in ihnen aufgehen könnte. War es ein Zufall, dass ihm gestern beim Packen seiner Sachen auch seine Konfirmationsurkunde in die Hände fiel? Und damit verbunden kamen die Erinnerungen an Gottesdienste und Erfahrungen in einer Kirchgemeinde, die Wertschätzung gaben. Einfach so, ohne Bedingung. Erfahrungen, die Halt ausstrahlten, gerade dann, wenn von aussen der Halt sonst fehlt. Er las seinen Konfirmationsspruch: *So spricht der HERR, dein Schöpfer: Fürchte dich nicht. Wenn du durch Feuer schreitest, wirst du nicht verbrannt, und die Flamme versengt dich nicht. Denn ich, der HERR, bin dein Gott.*

Das Paar bekommt ein Kind. Sie freuen sich auf ihr Kind. Erwarten es. Auch wenn das so alles nicht geplant war. Wenn alles unendlich kompliziert ist mit den jeweiligen Familien, den Beziehungen, der neuen Familie. Aber sie spüren, das neue Leben ist mehr als ein Zufall. Es ist gewollt, nicht nur von ihnen – es ist von Gott gewollt. Und selbstverständlich soll ihr Kind getauft werden. Gott wird es unter seinen Segen stellen, es beim Namen nennen. Das gibt den jungen Eltern Mut. Das gibt dem Kind eine feste Grundlage. *So spricht der HERR, dein Schöpfer: Fürchte dich nicht, denn ich habe dich bei deinem Namen gerufen, du gehörst zu mir!*

Sie hatte ihr Leben gelebt. Mit guten und mit schweren Zeiten. Lange war sie nun schon krank. Die Familie versuchte, so gut es ging, sie zu pflegen und für sie da zu sein. Nicht leicht war es mit anzusehen, wie sie litt und immer schwächer wurde. Und schliesslich, es zeichnete sich ab, verstarb sie. Sie ist heimgegangen, sagte die Tochter. Auch wenn sie kein besonders religiöser Mensch war. Dieses Grundvertrauen in den Gott, der alles Leben schenkt und der es wieder zu sich zurückholt. Der die Toten bei sich aufnimmt. Dieses Grundvertrauen, das war immer in ihr gewesen. Woher sonst, hätten wir in dieser Zeit, die Kraft nehmen sollen?, fragte der Sohn. Gott hat sie erlöst. Am Grab sagte die Pfarrerin: *So spricht der HERR, dein Schöpfer: Fürchte dich nicht, denn ich habe dich erlöst, ich habe dich bei deinem Namen gerufen, du gehörst zu mir.*

Menschen in schwierigen Zeiten auf dem Weg. Menschen, die gerade in Grenzsituationen des Lebens, in Bedrängnis, spüren: Gott ist an meiner Seite. Ich bin ihm wichtig. Er gibt mir Halt. Und dieses Gottvertrauen, diese Zusage, gibt Sicherheit in aller Unsicherheit; gibt ausreichend Kraft für einen nächsten Schritt. Das erfahren Menschen heute. Diese Erfahrung machten Menschen zu biblischen Zeiten. Es ist eine Erfahrung, die vor allem dem Volk Israel nicht fremd ist.

Es war im 6. Jahrhundert vor Christus. Die Zeit des Exils für das Volk Israel. Ihre Heimat war aus den Fugen geraten. Jerusalem war von den Babyloniern erobert worden. Folge war insbesondere für die geistige und wirtschaftliche Elite des Volkes Israel die Verschleppung ins babylonische Exil. Eine Zeit fern der Heimat. Eine Zeit, ohne Tempel. Eine Zeit der harten Arbeit für die ungeliebten Herrscher. Eine Zeit, in der die eigene Identität verloren zu gehen drohte. Verzweiflung griff um sich. Hatte Gott denn sein Volk nun wirklich vergessen? Und dann, in dieser schwierigen Zeit, erhob sich einer, durch den Gott zu seinem Volk sprach. Er sprach mit Kraft und Autorität. Vor allem sprach durch ihn Gott, als unendlich Liebender. Seine Botschaft für das Volk gipfelte in den Worten:

Und nun, so spricht der HERR, dein Schöpfer, Jakob, und der dich gebildet hat, Israel: Fürchte dich nicht, denn ich habe dich erlöst, ich habe dich bei deinem Namen gerufen, du gehörst zu mir. Wenn du durch Wasser gehst - ich bin bei dir, und durch Flüsse - sie überfluten dich nicht. Wenn du durch Feuer schreitest, wirst du nicht verbrannt, und die Flamme versengt dich nicht. Denn ich, der HERR, bin dein Gott, der Heilige Israels, dein Retter. Ägypten habe ich als Lösegeld für dich hingegeben, für dich Kusch und Saba. Weil du teuer bist in meinen Augen, geachtet bist, und weil ich dich liebe, gebe ich Menschen für dich und Völker für dein Leben. Fürchte dich nicht, denn ich bin bei dir! Vom Aufgang der Sonne bringe ich deine Nachkommen herbei, und vom Untergang her sammle ich dich. Zum Norden sage ich: Gib her! Und zum Süden: Halte nicht zurück! Bring meine Söhne aus der Ferne und meine Töchter vom Ende der Erde, alle, die nach meinem Namen benannt sind und die ich zu meiner Ehre geschaffen habe! Ich habe sie gebildet, ja, ich habe sie gemacht.

Gott verspricht hier seinem Volk, verspricht uns, wenn wir ihm glauben und vertrauen, kein unbeschwertes, sorgenfreies Leben ohne Mühen und Gefahren. Aber er verspricht seinen Beistand und seine Nähe inmitten von Mühe und Gefahr. Denn Gott ist ein Liebender. Er ist der Schöpfer seiner geliebten Menschen und die lässt er nicht allein. Und so gilt seine Zusage: „Fürchte dich nicht! Du bist nicht allein, ich bin bei dir!"

Wir können ja heute dazu kommen oder irgendwie von früh auf so geprägt worden sein, dass wir uns sagen:
Ich bin nutzlos, - wenn ich nichts mehr leiste. Ich bin wertlos, - wenn ich krank bin. Ich bin nicht wichtig, - wenn ich noch jung bin. Ich bin nicht mehr gefragt, - wenn ich nur noch alt bin.
Und dann fragt man sich: Was ist überhaupt mein Wert? Und wo bleibt meine Würde, wenn ich nicht so funktioniere, nicht so bin, wie die anderen es wünschen: nicht so stark, nicht so schön, nicht so schnell, nicht so schlank, nicht so skrupellos oder nicht so doof bin, - wie man heute sein muss, um erfolgreich zu sein, um zum Beispiel im Fernsehen Werbung machen zu dürfen für, sagen wir, Spinat oder Haarshampoo.
Wenn wir uns unseres Wertes nicht gewiss sind, dann versuchen wir, ihn uns zu erarbeiten auf irgendeine Weise. Es gibt zum Beispiel den Weg des Perfektionismus. Der amerikanische Pfarrer, Psychologe und Naturheilmediziner Alex Loyd schreibt in seinem Buch Healing Code von seiner Frau, wie sie, als sie einander kennen gelernt hatten, einander alles erzählten und beichteten. Seine Frau hatte als kleines Mädchen den Vater begleitet beim Einkaufen im Bauhaus. Da sah sie so kleine Beutelchen, in die man Nägel und Schrauben abzählen konnte. Sie fand, so etwas wäre praktisch für ihre Barbiesachen und nahm eines mit. Das plagte sie aber so, dass sie es dann im Auto ihrem Vater erzählte. Der ging mit ihr in den Laden und sie legten es zurück. Und zwanzig Jahre später beichtete sie dies ihrem Geliebten als die schwerste Sünde ihres Lebens! Zugegeben eine unglaubliche Spitze des Perfektionismus. Und kein Wunder, dass sie dann in tiefer Depression versank. Es ist schlimm, wenn man sich selbst so mit einem Perfektionismus quält, mit dem Druck, unbedingt gut und fehlerfrei sein zu müssen, und in der Folge dann mit dem Gefühl, nie gut genug zu sein. Noch schlimmer wird es, wenn man auch andere mit den gleichen Erwartungen quält. Den Erwartungen von Perfektionisten kann man nie genügen. Irgendetwas in ihrem Leben hatte Loyds Frau so geprägt und programmiert. Und es brauchte wirklich eine tiefe Heilung, dass sie davon frei wurde. Der Depressive ist ja vom Wortsinn der Mensch, der sich und andere nieder drückt.

Gott will uns mit seiner bedingungslosen Liebe frei machen von solchem Druck und Druckausüben.

Fürchte dich nicht, denn ich habe dich erlöst (frei gemacht), ich habe dich bei deinem Namen gerufen, du gehörst zu mir... weil du teuer bist in meinen Augen, geachtet bist, und weil ich dich liebe. Fürchte dich nicht, denn ich bin bei dir!

Gott hat mich bei meinem Namen gerufen, so wie ich bin und hat mich doch nicht gelassen so wie ich war, denn er hat zugleich im Gegenzug seinen Namen auf mich gelegt. Dafür ist die Taufe das Zeichen. Ich gehöre zu ihm, und er gehört zu mir.

Die Taufe ist Zeichen für etwas in uns, das nie mehr zerstört werden kann. Es kann verkümmern, es kann wachsen oder auch nicht; ein Mensch kann es vergessen, verdrängen, aber zerstört werden - das kann es nicht. Auch vom Tod nicht. Es ist ohne unser Dazutun von Anfang an für immer etwas in uns hineingelegt, wenn Gott sagt: *Ich habe dich bei deinem Namen gerufen; du gehörst zu mir!* Da wurde etwas angelegt, tief in mir verankert, was nicht von mir stammt und doch ganz zu mir gehört. Wir nennen es Geist oder Seele, es ist der Atem Gottes tief in uns, in unserem Herzen, den wir spüren können, die Stimme Gottes oder des Gewissens, die wir vernehmen können, so zart wie der Windhauch, der über eine Blume streicht. Und eines ist gewiss: Der von Gott so angerührte, angehauchte Mensch hat etwas, das nicht von ihm stammt und doch ganz zu ihm gehört.

Die einen lässt es endlich zur Ruhe kommen, aufatmen, durchatmen und unnötige Sorgen vergessen. Die anderen motiviert es, gibt ihnen die nötige Unruhe, den Tritt an die bestimmte Stelle, den es braucht, um endlich oder wieder aufzustehen - und zu widerstehen. Alles wird anders, in Ruhe oder Unruhe, durch ihn, den einen. Alle, die Gott zu seiner Ehre geschaffen hat und beim Namen gerufen hat, also auch wir heute und hier, tragen es in sich. Darum können wir sagen:

Ich bin gefragt, auch wenn ich alt bin. Ich bin wichtig, auch wenn ich jung bin. Ich bin wertvoll, auch wenn ich krank bin. Ich werde geliebt, egal, wie viel ich leiste.

Auf einer Tagung sagte einer sehr eindrücklich: Stellen sie sich morgens vor den Spiegel und sagen Sie zu sich: Gott hat mich so geschaffen. Er liebt mich! Wow! Und dann gehen Sie hinaus, und der Tag wird Sie anlächeln. Wenn Sie das nicht können, dann bleiben Sie um Gottes Willen im Badezimmer, denn was muten Sie sonst Ihren Mitmenschen für einen Anblick zu!

Heilung zum wahren Leben - Predigt zu Matthäus 9,9-13

Und als Jesus von dort weiter zog, sah er einen Mann, der Matthäus hiess, am Zoll sitzen. Und er sagt zu ihm: Folge mir! Und der stand auf und folgte ihm. Und es geschah, als er im Haus bei Tisch sass, dass viele Zöllner und Sünder kamen und mit Jesus und seinen Jüngern bei Tisch sassen. Als die Pharisäer das sahen, sagten sie zu seinen Jüngern: Warum isst euer Meister mit den Zöllnern und Sündern? Er hörte es und sprach: Nicht die Gesunden brauchen den Arzt, sondern die Kranken. Geht aber und lernt, was es heisst: Barmherzigkeit will ich und nicht Opfer. Ich bin nicht gekommen, Gerechte zu rufen, sondern Sünder. Matthäus 9,9-13

Die Nachricht, die wir hier vernehmen, hat wahrscheinlich damals an dem Ort noch mehr eingeschlagen, als die vom Rücktritt Daniel Vasellas bei gewissen Leuten heute. Der Abzocker ist zurück getreten, der sich ziemlich masslos dadurch bereichert hat, dass andere Leute krank sind und Medikamente brauchen oder meinen, sie zu brauchen. Der Abzocker am Zoll, der mit den Besatzern und Unterdrückern zusammen arbeitete und immer mehr verlangte als nötig, um sich zu bereichern, der Matthäus sitzt nicht mehr an seinem Platz. Der ist nicht pensioniert, der gehört jetzt zu den Jüngern von Jesus.

Für mich ist das Besondere an dieser kurzen Geschichte, die Matthäus selbst erzählt, dass Jesus Barmherzigkeit mit Sündern lebt, verkündet und fordert - als göttlichen Auftrag - und dass er Sünde als Krankheit versteht. Natürlich braucht es den Staat mit Recht und Ordnung, braucht es Polizei, Gerichte und Gefängnisse. Aber auf einer anderen Ebene geht es - so sagt Jesus - darum, nicht Menschen zu verurteilen, sondern sie zu heilen - hinter Fehlern und Vergehen den Menschen zu sehen als Kranken, der Heilung braucht.

Ich habe in der vergangenen Woche mit den Konfirmanden über Amanda Todd gesprochen, jenes Mädchen in Kanada, das sich mit 12 von Kameraden dazu verleiten liess, sich oben ohne fotografieren zu lassen von einer Webcam. Das Foto verbreitete sich und sie wurde so gemobbt, dass sie mehrmals die Schule wechselte und schliesslich keinen Ausweg mehr sah und sich mit 15 das Leben nahm.

Auch Matthäus war wegen seines Verhaltens ausgeschlossen und verachtet. Aber er hatte immerhin zum Ausgleich Erfolg; er hatte Geld, er war reich. Geld ist für viele Menschen der Ersatz für Liebe, für Beziehung. Aber Geld kann Liebe nicht ersetzen. Darum bekommt man nie genug und bleibt doch immer innerlich leer.

Der amerikanische Arzt Dr. Bernie Siegel erzählt in seinem Buch "Wenn ein Wunder geschieht" von einer jungen Frau, die schwere Brandnarben am Hals hatte und selbst an heissen Sommertagen einen Rollkragenpullover trug, weil sie sich für hässlich hielt. Er schlug ihr vor, in den Sommerferien in einem Altersheim zu arbeiten, wo es Pflicht war, Dienstkleidung mit weitem Kragen zu tragen. Sie musste ihre Narben wohl oder übel zeigen. Mit einem Mal stellte sie fest, dass die Leute diese Narben gar nicht beachteten. Als er Wochen später erneut mit ihr sprach, sagte er: "Wer Liebe gibt, erstrahlt immer in Schönheit."

Bernie Siegel schreibt dann von der Liebe: "Ich bin der festen Überzeugung, dass die Liebe die Antwort auf alle Fragen ist, die Sie sich jemals stellen werden. Sie ist die Lösung aller Probleme. Sie ist lebenswichtig. Wer sich für die Liebe entscheidet, kann nicht irren. Wer sich für die Liebe entscheidet, ist immer zur rechten Zeit am rechten Ort, denn auf Liebe folgen Ordnung, Harmonie und Friede.

Deshalb ist es auch das grösste Geschenk, geliebt zu werden. Von jemandem akzeptiert zu werden, lässt eine Bindung entstehen, die über alle Fehler hinweg sieht. Die Liebe ist blind für unsere Mängel und Makel. Wir können frei entscheiden, wem wir unsere Liebe schenken. Doch dass wir lieben sollen, steht seit unserer Geburt fest.

Viele Menschen glauben, dass tief in ihrem Inneren ein schrecklicher Schandfleck lauert, den sie unbedingt verbergen müssen, wenn sie Liebe empfinden wollen. Und weil sie sich für nicht liebenswert halten und glauben, zur Einsamkeit verdammt zu sein, sobald ihr wahres Selbst ans Licht kommt, errichten sie hohe Mauern um sich herum, um auf keinen Fall ihre tiefsten Gefühle mit anderen teilen zu müssen. Sie fürchten Beziehungen und vermeiden sie, so gut sie können."

Sie merken schon, dass Bernie Siegel als Arzt noch einen ganz anderen Ansatz hat als den üblichen, beschränkten der reinen Schulmedizin. Weil Jesus hier Sünde und Krankheit verbindet, finde ich seinen Ansatz auch so spannend, wenn er nicht von der Seite der Sünde, sondern der Krankheit her kommt. Wobei er sehr wohl unterscheidet zwischen Heilung und Genesung. Es gibt Menschen, die nie von ihrer Krankheit genesen und trotzdem Heilung erfahren. Andere dagegen sind völlig gesund und trotzdem verbittert und voller Zorn.

Was Krankheit und Sünde verbindet ist dies, dass Sünde Krankheit ist und dass Krankheit ein Ruf ist.

Bernie Siegel schreibt: "Um zu überleben und um sich zu erneuern, ist es unerlässlich, Krankheiten nicht als Schuld oder Strafe Gottes, sondern als Geschenk zu betrachten, als Weckruf und Chance zum Neuanfang. Ich rate meinen Patienten sogar dazu, einen neuen Namen anzunehmen und ein neues Leben anzufangen, das ihrem wahren Selbst entspricht, anstatt es zu vergeuden, indem sie sich nur nach Autoritäten richten. Wenn man das falsche Selbst aufgibt, bewahrt man sein wahres und authentisches Ich und kann sich und seinem Leben eine Neugeburt schenken...

Ich weiss, dass Gott uns liebt und uns Engel in vielerlei Gestalt schickt, die uns wach rütteln und auf den Pfad führen, der uns vorher bestimmt ist. Doch dafür müssen wir bereit und willens sein, diese Botschaft auch aufzunehmen und nicht infrage zu stellen, nur weil der Verstand nicht aufhören will zu denken."

Jemand hat gesagt: Krankheiten, menschliche Tragödien, Behinderungen und Probleme sind der Hilfeschrei des Herzens nach Veränderung. Es kommt darauf an, dem Leben Sinn zu verleihen, statt an einem unerfüllten Leben fest zu halten, die Stimme des eigenen Herzens und die Stimme Gottes zu hören und ihr zu folgen. So wie Matthäus dem Ruf von Jesus folgte, weil er die Sehnsucht seines Herzens traf.

Eine Krankheit kann ein Ruf sein. In Bernie Siegels Buch "Wenn ein Wunder geschieht - Inspirierende wahre Geschichten von Heilung, Hoffnung und Liebe" erzählt eine Frau, die Brustkrebs hatte, von ihrem Weg. Sie glaubt an Wunder wie Bernie

Siegel. Aufgrund der schweren Nebenwirkungen musste ihre Chemotherapie vorzeitig abgebrochen werden und die Bestrahlungen verweigerte sie. Und doch hat sie überlebt - vierzehn Jahre lang.

Sie fand zum Glauben - zum Glauben, den Krebs durch ihre selbst gewählte energetische und spirituelle Behandlungsmethode besiegen zu können, zum Glauben an Gott und zur Überzeugung, dass ihre Zeit noch nicht gekommen war. Sie hatte erneut Brustkrebs, diesmal in fortgeschrittenem Stadium, und der Krebs hatte bereits Metastasen gebildet. Nichtsdestotrotz war sie sich gewiss, diese Krankheit zu überleben.

Sie begann auf ihrem Weg an ihren (unbewussten) Überzeugungen zu arbeiten, die lauteten:

"Es ist zu anstrengend. Ich schaffe es nicht. Ich verdiene es nicht, geheilt zu werden. Vielleicht liebt mich Gott nicht. Meine Gefühlswelt ist von Angst bestimmt."

Wie ein wiederkehrender Albtraum stand immer das "Ich schaffe es nicht" im Raum.

Sie zweifelte an Gott. "Wo ist er (sie)? Weshalb bin ich noch einmal an Krebs erkrankt? Liebt mich Gott überhaupt - oder liebte er nur diejenigen, die es eher verdient haben als ich?" Sie erkannte, wie sehr ihr Leben von Angst bestimmt war.

"Die Angst lauerte ständig auf mich, und meine Wut reichte tiefer als ich gedacht hatte. Ich musste meine innere Kraft freisetzen und durfte mich nicht länger unbewusst als Opfer fühlen. Schliesslich erlangte ich ein tiefes Verständnis dafür, dass Misshandlungen und Vernachlässigungen im Kindesalter mit Vergebung, Hingabe und Loslösung beantwortet werden mussten. Erst dann konnte nichts mehr - nicht einmal der Krebs - Macht über mich erlangen.

Wieder und wieder nahm ich mein Schicksal an. Annehmen ist das Gegenteil von Aufgeben - man nimmt Gottes Licht und Gnade an, die für die Heilung der Seele so wichtig sind. Unser schwacher Wille und unser ach so teures Ego müssen sich der Unendlichkeit unterordnen! Das klingt so einfach und offensichtlich und ist doch so schwer zu erreichen. Bis es eines Tages doch funktioniert. *Mein Wille ist dein Wille.*

Und mein Körper lässt tatsächlich los. Die Krebszellen sterben. Zum ersten Mal in meinem Leben fühle ich mich vollkommen. Es brauchte drei Anläufe, um diesen Zustand zu erreichen, da ich nur langsam lerne. Aber ich bin auf dem Weg der Heilung, und wenn es mir bestimmt ist, werde ich irgendwann völlig gesund sein."

Ob Matthäus oder Bernie Siegel oder diese Frau oder wir - es geht darum, die Liebe Gottes zu erkennen und anzunehmen und weiter zu geben: *Geht aber und lernt, was es heisst: Barmherzigkeit will ich und nicht Opfer.* Dann können Wunder geschehen, die das Leben verändern wie bei Matthäus, der ursprünglich Levi hiess und dessen neuer Name Matthäus "Geschenk Gottes" bedeutet.

Stacey Chiew schreibt: "Ich glaube, dass jeder von uns den Schlüssel in sich trägt, der die Tür zu den Wundern öffnet. Doch zuvor muss man das Zauberwort kennen: die Liebe. Wunder sind die Antwort auf die Liebe, die wir uns selbst und anderen entgegenbringen. Die Liebe bewirkt die aussergewöhnliche Heilkraft unseres Körpers, sie ist jenes erstaunliche Kraftfeld, das uns beschützt, und sie ist die Freude, wenn unsere Gebete beantwortet werden."

Es geht nicht darum, dass wir verzichten und opfern und uns aufopfern, um die Erwartungen anderer zu erfüllen, sondern dass wir uns selbst und unser Leben als Geschenk Gottes annehmen und lieben und aus dem Geschenk Gottes heraus leben und dann auch andere als Geschenk Gottes in unser Leben hinein annehmen und lieben.

Bernie Siegel hat etwas gesagt, das nicht nur für Kranke, sondern für alle gilt: "Wer eine Krankheit besiegen will, muss um sein wahres Leben kämpfen und nicht um die Rolle, die er darin spielt. Ich habe Frauen kennen gelernt, die lebten, um ihre "Mutterrolle" zu erfüllen, und starben, wenn die Kinder das Haus verliessen. Geben Sie sich nicht damit zufrieden, eine Rolle zu spielen. Wenn Sie ein Gebet mit den Worten beginnen: "Ich bin eine alleinerziehende Mutter...", wird Gott Ihnen antworten: "Dann finde erst einmal heraus, wer du wirklich bist." Sie müssen erkennen, dass Sie ein Kind Gottes sind." Wenn wir glauben, dass Gott uns als seine Kinder liebt, dann können wir ruhig werden und hören und dann werden wir eine innere Stimme vernehmen, die uns zur Seite steht und uns leitet und der wir folgen können, auch gegen die Meinungen der Welt und ihrer Experten und Statistiken. Wenn wir Jesus bitten, wird er auch uns rufen und uns den Weg weisen.

Ich schliesse mit einem Wort von Bernie Siegel: "Beruhigen Sie Ihren Geist, hören Sie auf Ihre innere Stimme, tun Sie, was sich richtig anfühlt, halten Sie die Augen nach Zeichen offen - und beobachten Sie, wie sich Wunder ereignen." Amen.

Mein Schatz - Predigt zu Matthäus 13,44-46

Ich möchte mit einer intimen Frage anfangen: „Wie nennen wir in zärtlichen Momenten unsere Frau oder unseren Mann, unseren Freund oder unsere Freundin?" Nein, Sie brauchen das jetzt nicht zu verraten, es bleibt Ihr Geheimnis. Ich könnte allerdings darauf wetten, dass in einer Hitparade der zärtlichen Bezeichnungen die liebevolle Anrede „(mein) Schatz" einen der obersten Plätze einnehmen würde.

„Mein Schatz", das heisst: Du bist für mich ganz wertvoll. Du bereicherst mein Leben. Ohne dich wäre ich ärmer. Wunderbar, dass es dich gibt. Gut, dass ich gerade dich gefunden habe. Wenn ich einen anderen Menschen aus vollem Herzen so anrede, schwingt meine Liebe zu ihm mit, meine Bewunderung. Ja, mein Herz ist voll von ihm, es wird warm und weit.

Diese Erfahrung nutzt Jesus in einer seiner Reden, um den Menschen etwas über das Himmelreich, das Reich Gottes zu erzählen:

Mit dem Himmelreich ist es wie mit einem Schatz, der im Acker vergraben war; den fand einer und vergrub ihn wieder. Und in seiner Freude geht er hin und verkauft alles, was er hat, und kauft jenen Acker.

Weiter: Mit dem Himmelreich ist es wie mit einem Händler, der schöne Perlen suchte. Als er aber eine besonders kostbare Perle fand, ging er hin, verkaufte alles, was er hatte, und kaufte sie.   *Matthäus 13,44-46*

Mit der Erfahrung der Liebe und der Verliebtheit leuchtet dieses Gleichnis sofort ein: Natürlich will ich, wenn ich ihn gefunden habe, nicht anderes mehr haben als meinen Schatz. Alles andere ist mir egal. Hauptsache mein Schatz und ich sind zusammen. Alles andere brauche ich auch nicht.

Jesus erzählt von Gott, von Gottes Reich, er erzählt davon, was Gott, was Gottes Wirklichkeit und Kraft, seine Liebe und Gnade den Menschen bedeuten kann. In der Kirche, in der Gemeinde, sprechen wir vom Glauben. Oft würden wir besser von Vertrauen sprechen. Glaube ist in der Bibel nicht bloss ein Fürwahrhalten von Glaubenssätzen im Kopf, sondern eine Beziehung, ein persönliches Vertrauen. Wenn ich jemandem ganz vertraue, dann vertraue ich mich ihm ganz an, öffne mich ganz, gebe mich hin. Beim Vertrauen geht es um meine ganze Person, um meine ganze Existenz, nicht bloss um eine Überzeugung von irgendeiner Wahrheit. Der Glaube ist das, was Gott mir bedeutet, nicht nur im Kopf, sondern in meinem ganzen Herzen und für mein ganzes Leben. Das kann ich oft nur in Bildern aussprechen oder in Geschichten anschaulich machen. Glaubenssätze, Lehrsätze, Dogmen lassen sich leicht aufschreiben und vorschreiben. Glaube im Sinn von Vertrauen aus tiefstem Herzen ist schwer zu erklären. Deshalb sprach Jesus so oft in Gleichnissen und Bildreden von Gott, von seiner Bedeutung für die Menschen und von der Beziehung zu ihm. Bilder sind die Sprache des Herzens, die Sprache der Seele und der Träume und darum die Sprache der tiefsten Wahrheiten des Lebens. Interessanterweise ist heute auch die Wissenschaft, das heisst die moderne Physik, die Quantenphysik an den Punkt gekommen, wo man wohl eine mathematische Form findet, aber zugleich mit Werner Heisenberg sagen muss und kann: "Die Quantentheorie ist so ein wunderbares Beispiel dafür, dass man einen Sachverhalt in völliger Klarheit verstanden haben kann und gleichzeitig doch weiss, dass man nur in Bildern und Gleichnissen von ihm reden kann." Vielleicht können wir zusammenschauend sagen, dass man von den wesentlichsten, grundlegendsten Dingen der Welt und des Lebens - und vor allem von Gott und seiner Wirklichkeit - nur in Bildern und Gleichnissen reden kann.

Weil es um eine Beziehung geht, kann man das Gleichnis von zwei Seiten her anschauen - von Gott her und vom Menschen her.

In einem Gesprächskreis sagte eine Teilnehmerin: „Der Acker ist mein Leben. Er wurde von meinen Eltern in Grundzügen angelegt, er wurde bewässert, es wurde gesät. Jetzt lebe ich mit den Furchen, manches wächst in meinem Leben, manches bringt Frucht, ich kann Ernte abgeben und Neues pflanzen. Der Schatz, der in meinem Leben zu finden ist, liegt darin, dass Gott mich liebt. Ich bin ihm ans Herz gewachsen. Ja, wenn ich so darüber nachdenke: Eigentlich bin ich der Schatz in Gottes Acker." Jemand ergänzte: „Gott ist derjenige, der den Schatz sucht. Er sucht auf der Erde, in diesem grossen Acker, nach mir. Wenn er mich gefunden hat, bin ich sein Schatz, er hebt mich aus dem Acker heraus und bringt mich nach Hause."

Wenn ich von Gott gefunden werde und ich für ihn wie ein Schatz bin, dann hat das Auswirkungen auf mein ganzes Leben. Es macht mein Leben reicher. Es ist, als ob der Bühnenvorhang zur Seite gezogen wird, ich darf und kann die Welt in einer grösseren Perspektive sehen. Der Horizont wird hell, Licht flutet in mein Leben.

Das ist die erste Bedeutung des Gleichnisses: Gott sucht und findet mich in seiner Schöpfung, und ich bin wie ein Schatz oder eine kostbare Perle für ihn.

Die zweite Bedeutung kommt zum Vorschein, wenn ich mich mit dem suchenden Menschen gleichsetze. Dann ist der Acker Symbol für mein Leben, Symbol für den Alltag, für den alltäglichen Lebenslauf, eine Ackerfurche neben der anderen, Tag für Tag, Woche für Woche, Jahr für Jahr. Das ist ganz wichtig: ich muss nicht etwas Besonderes tun oder etwas Besonderes sein, ich muss nicht an einen besonderen oder bestimmten Ort reisen, ich muss nicht etwas Ausserordentliches leisten, um den Schatz oder die Perle zu finden. Der Schatz kann mir im Leben zufallen durch irgendein Ereignis, ohne dass ich besonders suche, oder ich kann nach langem Suchen unter allen Möglichkeiten und Angeboten des spirituellen Marktes endlich die eine wahre, kostbare Perle aller Perlen finden, die mit ihrem Regenbogenglanz alle meine Träume erfüllt. In Wirklichkeit können wir sagen: der eine Mensch sucht ganz bewusst und der andere ist sich seines inneren Suchens, seiner verborgenen Sehnsucht gar nicht bewusst. Erst als der Schatz sich zeigt, merkt er, was er im Tiefsten schon immer oder schon lange gesucht hat.

Ein Beispiel dafür ist Eben Alexander, ein international renommierter Neurochirurg und Gehirnspezialist. Er erkrankte an einer seltenen Form der Hirnhautentzündung und lag sieben Tage im Koma, und es bestand praktisch keine Hoffnung mehr, dass er überleben oder gar wieder vollkommen gesund werden würde. Er hatte dabei eine Nahtoderfahrung und wurde wieder vollständig gesund. Er war als Kind von seinen damals sehr jungen Eltern zur Adoption weg gegeben worden und fand nach seiner Nahtoderfahrung seine leibliche Schwester, die ihm auch ein Foto einer verstorbenen Schwester schickte. Darauf erkannte er genau ein Gesicht wieder, das er in seiner Nahtoderfahrung gesehen hatte. Er schreibt darüber:

"Für einen Moment trafen sich die Welten. Meine Welt hier auf der Erde, wo ich Arzt, Vater und Ehemann war. Und die Welt dort draussen - eine Welt, so gross, dass man, wenn man darin reist, das Gefühl für sein irdisches Selbst verliert und ein Teil des Kosmos wird - ein Teil der von Gott durchtränkten und von Liebe erfüllten Dunkelheit.

In diesem einen Moment trafen sich im Schlafzimmer unseres Hauses an einem verregneten Dienstagmorgen die oberen und die unteren Welten. Das Foto zu sehen gab mir das Gefühl, ein kleiner Junge im Märchen zu sein, der in die andere Welt reist und dann wiederkommt und herausfindet, dass alles nur ein Traum war - bis er in seine Tasche schaut und dort eine Handvoll funkelnder Zaubererde aus den jenseitigen Bereichen findet.

Mein Nahtoderlebnis hatte meine gebrochene Seele geheilt. Es hatte mich wissen lassen, dass ich immer geliebt worden war, und es zeigte mir, dass absolut alles im Universum ebenfalls geliebt wird. Und das war geschehen, während sich mein physischer Körper in einem Zustand befand, der es mir nach dem derzeitigen Stand der medizinischen Wissenschaft eigentlich unmöglich machte, überhaupt etwas zu erleben.

Auf meiner Reise ging es nicht nur um Liebe, sondern auch darum, wer wir sind und wie wir miteinander in Verbindung stehen - um die eigentliche Bedeutung allen Seins. Dort oben erfuhr ich, wer ich bin, und als ich zurückkam, wurde ich Zeuge, wie die letzten losen Fäden dessen, was ich hier auf der Erde bin, vernäht wurden.

Du wirst geliebt. Das waren die Worte, die ich als Waisenkind, als Kind, das weggegeben worden war, so dringend hören musste. Es sind aber auch genau die Worte, die wir in dieser materiell orientierten Zeit alle hören müssen. Denn wenn es darum geht, wer wir wirklich sind, wo wir wirklich herkommen und wo wir wirklich hingehen, fühlen wir uns (fälschlicherweise) alle wie Waisenkinder. Wenn wir die Erinnerung an unsere grössere Verbundenheit und an die bedingungslose Liebe unseres Schöpfers nicht zurückgewinnen, werden wir uns hier auf der Erde immer verloren fühlen."
Diese Erkenntnis und Erfahrung der Liebe, unendlich und bedingungslos geliebt zu sein von Ewigkeit her, von Gott und darum selber fähig zu sein zur Liebe, das ist der Schatz, für den man ohne zu zögern alles hingibt, vor dem alle andere seine Bedeutung verliert.
Dieser Schatz macht mich reich, eröffnet neue Möglichkeiten, die vorher nicht erreichbar waren. Ich kann die Beschränkungen, die mich vorher umgaben, niederreissen, sie gelten nicht mehr. Der Schatz des Glaubens eröffnet neue Möglichkeiten. Er lässt uns hinter den Vorhang des Todes schauen. Er reisst die Beschränkungen des Todes und der materiellen Welt und sinnlichen Wahrnehmung nieder. Der Tod, das Diesseits hat nicht das letzte Wort, sondern die Ewigkeit. Sterben und Tod sind eine Durchgangsstation auf der Reise in ein neues Land, ein Land, in dem Liebe nicht verloren ist, ein Land, in dem die Sehnsucht ihr Ziel findet.
Wenn ich einen Schatz im Acker gefunden habe, schaue ich mit anderen Augen auf jeden Acker, auf die ganze Welt. Ob noch mehr verborgen ist? Blitzt nicht überall geheimnisvoll die Ewigkeit und die Schönheit auf? Der Schatz des Glaubens lässt mich anders auf mein Leben schauen. Sehe ich nicht immer wieder etwas von dem grossen Segen, der uns verheissen ist, in meinem Leben aufblitzen? In einem Lachen, einer Umarmung, einer duftenden Blüte? Ich muss nur richtig hinschauen, um den Schatz im Alltag zu entdecken und aufzuheben, von dem der Glaube spricht: Das Licht der ewigen Liebe, die den Augenblick erfüllt, die alles durchstrahlt, die Hoffnung schenkt auch im Dunkel.
"In deinem Licht sehen wir das Licht", heisst es in einem Psalmwort. Wer das Licht Gottes sieht, sieht alles im Licht und sieht das Licht in allem.

Gott lädt uns ein zu seinem Fest - Predigt zu Matthäus 22,1-14

Und Jesus begann wiederum in Gleichnissen zu ihnen zu reden: Mit dem Himmelreich ist es wie mit einem König, der für seinen Sohn die Hochzeit ausrichtete. Und er sandte seine Knechte aus, die Geladenen zur Hochzeit zu rufen, doch die wollten nicht kommen. Darauf sandte er andere Knechte aus und sprach: Sagt den Geladenen: Seht, mein Mahl habe ich bereitet, meine Ochsen und das Mastvieh sind geschlachtet, und alles ist bereit. Kommt zur Hochzeit! Sie aber achteten nicht darauf und gingen ihres Wegs, der eine auf seinen Acker, der andere an sein Geschäft. Die übrigen aber ergriffen seine Knechte, misshandelten und töteten sie. Da wurde der König zornig und schickte seine Heere aus, liess jene Mörder umbringen und ihre Stadt anzünden. Dann sagte er zu seinen Knechten: Die Hochzeit ist zwar bereit, die Geladenen aber waren es nicht wert. Geht also an die Ecken der Strassen und ruft zur Hochzeit, wen immer ihr findet. Da gingen die Knechte auf die Strassen hinaus und brachten alle, die sie fanden, Böse und Gute, und der Hochzeitssaal füllte sich mit Gästen. Als aber der König eintrat, sich die Gäste anzusehen, sah er da einen, der kein Hochzeitskleid trug. Und er sagte zu ihm: Freund, wie bist du hier hereingekommen ohne ein Hochzeitskleid? Der aber blieb stumm. Da sagte der König zu seinen Dienern: Bindet ihm Hände und Füsse und werft ihn hinaus in die äusserste Finsternis; dort wird Heulen und Zähneklappern sein. Denn viele sind berufen, wenige aber auserwählt.   *Matthäus 22,1-14*

Dieses Gleichnis, diese Geschichte von Jesus provoziert uns. Es liegt eine ungeheure Spannung darin: zwischen dem Fest und der Einladung für alle, Böse und Gute auf der einen Seite und der unerbittlichen Härte gegen die zuerst Geladenen und den Gast ohne Hochzeitskleid auf der anderen Seite.
Matthäus gibt dieses Gleichnis von Jesus weiter auf dem Hintergrund der Frage: Wie soll es weitergehen nach der Katastrophe. Diese Frage kennen wir. Noch haben wir es

wohl vor Augen: Bei Fukushima in Japan wurden Häuser und Städte vom Tsunami weggespült und Tausende von Menschen in den Tod gerissen, dazu mehrere Atomkraftwerke zerstört. Wie geht es weiter nach der Katastrophe? Wo soll und kann man noch welche Häuser und Kraftwerke bauen? Oder im kleineren Kreis. Da ist der hoffnungsvolle junge Mann, der kein Einzelfall ist. Er ist fasziniert von seinem schnittigen, schnellen Auto. Er geniesst es, Gas zu geben. Da verliert er in einer Kurve die Herrschaft über sein Fahrzeug und prallt ungebremst gegen einen Baum und ist samt seiner ebenso jungen Beifahrerin sofort tot. Wie sollen die Familien weiterleben nach dieser Katastrophe? Wird der jünger Bruder nächstes Jahr auch ins Auto steigen und mit 120 Sachen durch die Landschaft rasen? Was hat das mit Gott zu tun? Wo ist er da? Wir werden in dieser Welt oft sehr hart mit den Konsequenzen unseres menschlichen Verhaltens konfrontiert und sehen, wie schnell und wie weit wir Menschen uns verrennen können.

Matthäus wollte seine Leser nicht mit Albträumen erschrecken. Er musste den Realitäten seiner Zeit ins Auge schauen. Der Horror war kein Traum, sondern sein Alltag. Heulen und Zähneklappern tönte aus vielen Häusern und auf vielen Strassen seiner Zeit. Heulen und Zähneklappern sind fast noch eine Beschönigung der Verhältnisse: Matthäus hatte die Vernichtung Jerusalems im Jahr 70 nach Christus erlebt: die Soldaten und die brennende Stadt. Zum Vergleich eine andere Beschreibung der Katastrophe, diejenige von Cassius Dio, einem römischen Geschichtsschreiber: „Da stürzten sich die einen freiwillig in die Schwerter der Römer, die andern erschlugen sich gegenseitig, andere brachten sich selbst um, wieder andere sprangen in die Flammen. Und es schien für alle nicht so sehr Verderben, sondern eher Sieg und Heil und Gnade zu bedeuten, mit dem Tempel zusammen unterzugehen."

Und schon damals ahnten die Zeitgenossen sehr genau, dass es eine dieser Katastrophen ist, die Weltgeschichte machen würde und von Menschen nicht wieder gutzumachen sein würde. Müssen wir Fukushima in diese Reihe stellen ...? Eine Katastrophe, die auch in 2000 Jahren unvergessen sein wird ...?

Im Juli 70 wurde Jerusalem belagert und im August 70 irreparabel zerstört. Jetzt haben wir Juli 2011 - und der Jerusalemer Tempel ist nicht wieder aufgebaut. Nur der untere Teil der Stützmauer steht noch, er wird bezeichnenderweise Klagemauer genannt. Und wirklicher Frieden war Jerusalem in den Jahrhunderten seither auch nicht beschieden. Um welche andere Stadt der Welt wurde so viel gekämpft und gelitten und gestorben?

Matthäus schreibt sein Evangelium für die Überlebenden des Weltuntergangs. Es war wohl dieser Moment, in dem das Grauen vorbei ist und sich einige Traumatisierte am Leben finden und schreien und schreiben: Oh Gott, ich lebe ja noch! Oh Gott! Wenige sind auserwählt ... Das gellt in unseren Ohren, aber es war die Lebenserfahrung des Matthäus und der Seinen - wer sind wir, dass wir ihm diese bestreiten könnten?!

Matthäus gibt in diesem Gleichnis eine Antwort auf die Frage, warum es so kam. Weil die Juden Propheten und zuletzt gar Jesus zurück gewiesen und getötet hatten, liefen sie wieder in eine Katastrophe - es war ja nicht die erste.

Matthäus erzählt hier die Geschichte seines Volkes nach, so, wie er sie versteht. Diejenigen, von denen er gedacht hätte, dass sie die Botschaft von Jesus hören, verstehen und annehmen würden, die Juden, das erwählte Volk Gottes, sind nur zum kleinen Teil Christen geworden. Die meisten von ihnen sind einfach Juden geblieben. Von einem Messias, der als Staatsfeind hingerichtet wurde und vor den Toren Jerusalems einen schmählichen Tod starb, konnten sie nicht viel halten. Natürlich waren sie zuerst eingeladen. Sie sind Gottes geliebtes und zuerst erwähltes Volk. Es schmerzt den Matthäus ganz offensichtlich, dass sie lieber bei dem geblieben sind, was sie schon kannten, als das Neue anzunehmen, das ihn so erfüllt: Die Botschaft von der unerhörten Liebe Gottes, die sich in Jesus Christus zeigt.

Auch Paulus empfindet diesen Schmerz. In seinem Brief an die Römer schreibt er drei Kapitel lang darüber, dass wir nicht wissen können, warum es so ist. Jesus, der zu den verlorenen Schafen Israels geschickt worden war, ist von den meisten Leuten seines Volkes nicht angenommen worden. Gott allein weiss, warum das so ist, und das Einzige, was wir dazu denken können, ist dies: Dass Gott letztlich aus Liebe alles zum Guten zu wenden vermag. Auf verschlungenen Wegen führt er zum Ziel. Lehnen die einen die Einladung ab, werden einfach andere eingeladen, bis alle die Liebe Gottes erfassen und seine Einladung annehmen. Wie weit wir uns auch auf eigenen

Wegen verrennen mögen, Gott lässt uns nie endgültig fallen und findet wieder einen Weg zu uns.

Weil die Japaner Atomkraftwerke in ein solches Erdbeben- und Tsunamigebiet bauten, kam es zu dieser Katastrophe. Weil der junge Mann sich nicht beherrschen konnte, raste er in den Baum. Weil der Mann oder die Frau so lange so viel rauchte, kam es zum tödlichen Lungenkrebs.

Wir spüren sofort. Diese Erklärungen sind auf eine Art richtig. Aber es sind nur Momentaufnahmen, Antworten für den Moment. Sie können nicht und sollen nicht wirklich befriedigen und erklären. Sei greifen zu kurz. Wenn wir den Bogen weiter spannen, dann werden auch die Menschen, die einmal versagt haben oder schuldig geworden sind, wieder aufgenommen in die Barmherzigkeit Gottes.

Das Gleichnis will keine letzten Erklärungen geben für die Ewigkeit. Sondern es will uns ansprechen im Hier und Jetzt. Denn darum geht es. Es geht immer ums Jetzt. Wie sollen und können wir jetzt leben - weiterleben?

Was sollen die Christen tun nach dem Tod von Jesus, der weitgehenden Ablehnung des Evangeliums durch die Juden und dem Untergang Jerusalems? Aufgeben? Sich zurück ziehen auf ein paar kleine Gruppen in den Bergen? Nein, hinaus gehen in die Welt und die gute Botschaft von der Liebe Gottes in Jesus Christus überall hinbringen in Wort und Tat zu allen Menschen. *Geht also an die Ecken der Strassen und ruft zur Hochzeit, wen immer ihr findet. Da gingen die Knechte auf die Strassen hinaus und brachten alle, die sie fanden, Böse und Gute.* Die Parole nach der Katastrophe lautet: Jetzt erst recht! Aufstehen. Aus Gottes Güte und auf Gottes Güte hin leben. Trotz aller Katastrophen - auch die, für die wir keine Erklärung haben, die wir nicht verstehen - Gott ist gut, und sein Ziel ist das Leben in Fülle, die Freude, das grosse Fest der Freiheit, der Gemeinschaft, des Friedens mit allen Menschen, mit der ganzen Welt, mit der ganzen Schöpfung.

Das Gleichnis endet mit einem grossen Fest, mit einer Riesenparty. Da feiert Jesus, ja Gott selbst die Gemeinschaft mit der Gemeinde der Menschen, die ihn lieben. Das ist die wichtige Botschaft dieser Geschichte. Jeder, der in seinem Herzen die Liebe zu Gott empfindet und sie in seinem Leben in die Tat umsetzt, wird mitfeiern. Das dürfen wir wissen. Wir sollen uns aber nichts darauf einbilden, dass wir von allen Strassen und Plätzen dabei sein können. Und wir dürfen niemanden ausschliessen, weil er uns zu wenig gut erscheint. Jeder kann kommen, wie er ist. Viele sind berufen: Alle, die nicht zum Volk Israel gehören, sind in den Bund Gottes mit aufgenommen und haben die Einladung ebenfalls.

Wer diesem Ruf folgen möchte, sollte nicht erst im Himmel mitfeiern wollen, sondern jetzt fängt das neue Leben an auf der Erde. So wie man sich auf ein Hochzeitsfest vorbereitet und entsprechend anzieht, bevor man hingeht.

In der Welt der Antike war es üblich, dass die Gäste einer Feier das Festgewand vom Gastgeber gestellt bekamen, zu Beginn der Veranstaltung. Man konnte also zu einer Hochzeit gehen, wie man wollte, mit den Anziehsachen, die man immer trug. Man bekam dort genau so ein Festkleid wie alle anderen. Das sollten wir uns mal vorstellen, für unsere Zeit! Dass die ganze Kleiderfrage bei Einladungen keine Rolle mehr spielt. Zur Zeit von Jesus gab es den guten Brauch des geschenkten Festkleids. Er war in mehrfacher Hinsicht gut. So machte er für die Dauer der Feier auch die sozialen Unterschiede unter den Gästen unsichtbar. Alle Eingeladenen waren nicht nur angemessen gekleidet, sondern auch gleich gut.

Vor Gott sind alle gleich. Und alles, was man braucht, bekommt man geschenkt. Berufen dazu sind wir alle; auserwählt aber anscheinend nicht jeder. Wer nicht in der Liebe leben will, die Gott allen Menschen schenkt, die alle gleich macht und alle in einer Familie verbindet, trägt nicht das Kleid, das er für ihn bereit gelegt hat.

Wenn wir in dieser Liebe zu leben anfangen, werden wir keine Versammlung von Kühlschränken sein, sondern freundlich auf unsere Mitmenschen zugehen. Es wird uns nicht egal sein, wie es ihnen geht. Wir werden nach ihnen fragen, sie willkommen heissen, bei uns aufnehmen und zusammen mit ihnen das Leben leben, das uns geschenkt ist.

Das grosse Fest, zu dem wir eingeladen sind, beginnt nicht erst im Himmel. Es fängt hier an, auf der Erde, immer wieder neu. Gott ist mit seiner Kraft da, lebendig, gegenwärtig. Und so können wir dann eben auch für einander da sein. Wo wir das Leben miteinander teilen mit allem, was es uns gibt, uns einander mitteilen und niemanden allein lassen, da fängt Gottes Reich an, mitten unter uns. So nehmen wir die Einladung an, legen das Festkleid der Liebe Gottes an und reichen einander die Hände. Es gilt der Ruf, mit dem das Markusevangelium so markant beginnt: *Predigt Jesu Christi: Dreht euch um, es ist soweit, das Gottesreich ist zum Greifen nah!*

Offensein für den menschlichen Gott - Predigt zu Lukas 1, 26-38

Im sechsten Monat aber wurde der Engel Gabriel von Gott in eine Stadt in Galiläa mit Namen Nazareth gesandt zu einer Jungfrau, die verlobt war mit einem Mann namens Joseph aus dem Hause Davids; und der Name der Jungfrau war Maria. Und er kam zu ihr herein und sprach: „Sei gegrüsst, du Begnadete! Der Herr ist mit dir." Sie aber erschrak über das Wort und sann darüber nach, was das für ein Gruss sei. Da sprach der Engel zu ihr: „Fürchte dich nicht, Maria, denn du hast Gnade bei Gott gefunden. Und siehe, du wirst schwanger werden und einen Sohn gebären; und du sollst ihm den Namen Jesus geben. Dieser wird gross sein und Sohn des Höchsten genannt werden, und Gott der Herr wird ihm den Thron seines Vaters David geben, und er wird König sein über das Haus Jakob in Ewigkeit, und seine Herrschaft wird kein Ende haben." Maria aber sagte zu dem Engel: „Wie soll das zugehen, da ich von keinem Manne weiss?" Und der Engel antwortete und sprach zu ihr: „Heiliger Geist wird über dich kommen und Kraft des Höchsten wird dich überschatten; daher wird auch das Heilige, das gezeugt wird, Sohn Gottes genannt werden. Und siehe, Elisabeth, deine Verwandte, auch sie erwartet einen Sohn in ihrem Alter; und dies ist der sechste Monat für sie, die unfruchtbar hiess. Denn «kein Wort, das von Gott kommt, wird kraftlos sein»." Maria aber sprach: „Siehe, ich bin des Herrn Magd; mir geschehe nach deinem Wort!" Und der Engel schied von ihr. Lukas 1, 26-38

1. Die Begegnung

Engel können Angst machen; jedenfalls zunächst. Das ist bei Maria nicht anders als später bei den Hirten auf dem Felde und an Ostern bei den Frauen am leeren Grab.

Ein Engel begegnet mit einer guten Nachricht einer Frau, und die erschrickt. Kein Wunder! Was hier geschieht, ist etwas ganz und gar Unerwartetes. Der Himmel berührt die Erde, ein göttlicher Bote spricht zu einem menschlichen Ohr. Aus heiterem Himmel kommt es zu dieser Begegnung zwischen oben und unten, aussen und innen, göttlich und menschlich. Es geschieht ohne Vorankündigung und ohne innere Vorbereitung. Diese Begegnung konnte Maria weder erwarten noch verhindern, lediglich versuchen zu begreifen.

Es ist, was es ist. Mit einem lebendigen Gruss mutet sich der Engel einer einfachen Frau zu, die in ihrem jüdischen Frauenalltag ganz und gar nicht gewöhnt war, gegrüsst zu werden. Grüssen war Männersache. Frauen hatten kein Recht auf einen Gruss. Frauen hatten kein Recht auf Rechte. Was Wunder, dass der Engel Maria mit seinen Gruss erschreckte. Der Schrecken Marias ist die einzige äusserliche Reaktion, die uns berichtet wird. Sie fällt nicht vor dem Engel auf die Knie; und auch sonst erweist sie dem Gottesboten keine besondere Ehrerbietung. Als der Schrecken weicht, kommt es zu einem ganz menschlichen Gespräch: „Hab keine Angst, du hast Gnade bei Gott gefunden! Du wirst schwanger werden und einen Sohn zur Welt bringen." (Lukas 1,30f. Gute Nachricht)

2. Maria, ganz Mensch

Wer vor Gottes Augen Gnade gefunden hat, der ist nicht "voll der Gnade" wie ein Gefäss, das bis zum Rand gefüllt, selbst darüber verfügen und davon austeilen könnte. Nein. Gott hat über Maria verfügt. Sie selbst hat über gar nichts die Verfügung, nicht einmal über ihren Bauch.

Nun entwirft der Engel in der Privatwohnung Marias ein grosses, heilsgeschichtliches Bild vom Königtum dieses angekündigten Sohnes. Mit Engelszunge redet Gabriel wie ein freundlicher Besucher, und mit Engelsgeduld hört Maria ihm zunächst zu. Fürs Verstehen wird sie noch eine ganze Zeit brauchen. Meditation wird nötig sein.

Wie kommt sie eigentlich dazu? Warum passiert gerade ihr dieses Unglaubliche? Sie ist doch eine einfache Frau aus dem Volk. Nichts besonderes. Der Engel spricht mit keiner Silbe davon, dass Gott ihre Werte oder Eigenschaften besonders anerkennt.

Auch Lukas schweigt über ihre möglichen Qualitäten. Da soll also eine junge Frau aus nicht gerade stabilen Verhältnissen den Retter der Welt zur Welt bringen?
Auch Luther rückt Maria in der Auslegung zum zweiten Glaubensartikel ganz auf die menschliche Seite: "...wahrhaftiger Mensch von der Jungfrau Maria geboren..." Da wird das Wort Fleisch. Ganz Mensch. Ganz die Mutter.
An Maria ist nichts, was auf die Erlösung der Menschheit hindeutet. Maria ist weder besonders fromm noch besonders fleissig. Sie ist von anderen Frauen in Galiläa nicht zu unterscheiden. Als evangelische Christen entdecken wir auch hier, dass Gott allein aus seiner freien Gnade erwählt. Bei Gott Gnade finden, das hat immer etwas Überraschendes und Überwältigendes, ja etwas Wunderbares an sich, wie eben das Zustandekommen einer Schwangerschaft.
Maria wird ausgewählt, weil ein Mensch eine Mutter braucht. Gott nimmt die Bedingungen unseres Lebens ernst. Durch Maria begibt Gott sich in unsere Lebensverhältnisse. Maria steht für die Lebensbedingungen dieser Welt. Aus Andeutungen der Evangelisten geht hervor, dass es nicht gerade eine heile und glückliche Familie war, diese sogenannte "heilige" Familie. Da widerspricht die Bibel unseren üblichen Krippendarstellungen. Maria hat später noch vier Söhne und mindestens zwei Töchter. Aber sie alle kommen lange nicht klar mit diesem Sohn und Bruder Jesus. Als Familie waren sie sicher überfordert mit dem, was sie von ihm zu sehen und zu hören bekamen.

3. Jesus, ganz Mensch und ganz Gott

Maria nimmt die Botschaft des Engels nicht einfach hin. Sie widerspricht und fragt: "Wie soll das zugehen? Ich hab doch mit keinem Mann zu tun!" (Lukas 1,34 Gute Nachricht)
Gabriel sagt ihr: „Gottes Geist wird über dich kommen, seine Kraft wird es bewirken. Jesus ist anders als wir alle. Er kommt unmittelbar aus Gott. Er gehört zu Gott, wie ein Sohn zum Vater. In ihm lebt Gott wie in keinem von uns." Sogar den Namen des angekündigten Kindes legt Gott durch seinen Boten fest: Jesus. Auf deutsch: "Gott hilft und rettet." Das ist mehr als ein Name. Das ist ein Programm. Jesus ist das Pro-

gramm Gottes zur Errettung der Welt aus Ungerechtigkeit und Vergewaltigung, aus Leid, Trauer und Tod. "Er wird gross sein und Sohn des Höchsten genannt werden". Dieses Kind wird etwas anderes sein, als unsere eigenen Sorgen- und Wunschkinder. Es wird mehr sein. Es handelt sich bei ihm um Gott in Menschengestalt, in Kindesgestalt, der einer erstaunten, jungen Jüdin zur Obhut in den Schoss gelegt wird. In diesem Kind kommt Gott selbst in Person zur Welt.

In Gestalt eines Kindes sucht Gott uns auf. Zart und gefährdet wie alle Kinder. Hoffnungsvoll, wie jedes junge Menschenleben. Und doch als Gottessohn so unerwartet, unscheinbar in unsere Welt hineingegeben, dass man Gott solche Unscheinbarkeit bis heute nicht zutraut.

"Geboren aus der Jungfrau Maria" sagt eigentlich nichts Biologisches aus. Unser Glaube hängt nicht an einer biologischen Jungfrauengeburt. Andererseits: warum sollte Gott etwas unmöglich sein? Wie wollen wir mit unseren bescheidenen Kenntnissen von der Materie und der Energie, aus der der Kosmos besteht, und vom Leben darin ein letztes Urteil fällen über das, was Gott tun kann oder nicht! Aber es geht hier nicht um eine biologische Aussage, sondern es sagt etwas über Jesus: Er war Gott und Mensch zugleich! Gott ist es höchstpersönlich, der mit Jesus in die Welt eintritt. Gott zeigt sich mit seinem menschlichen Gesicht und kommt uns entgegen.

Wir sind nicht in der Lage, Gottes Advent, Gottes Ankunft herbeizuführen. Wir sind eingeladen, sein Kommen zu feiern. Im Advent gibt Gott seinen grossen Empfang, und zu dem sind wir alle herzlich eingeladen.

Maria ist insofern Vorbild für unseren Glauben, als sie im Vertrauen auf die Botschaft des Engels von Gott alles erwartet, obwohl vieles dagegen spricht. Sie sagt "Ja". Da ist nichts zu spüren von einem Stolz, nichts von einer Mitwirkung am Werk Gottes. Sie gibt ihr Ja im Bewusstsein, dass sie nichts Besonders ist: „Ich stelle mich zur Verfügung. Ich will seine Dienerin sein. Ich nehme die Wahl an, die auf mich gefallen ist." Maria hat geglaubt, d.h. darauf vertraut, dass Gott mit ihr diesen Weg geht.

Maria steht stellvertretend für die ganze Menschheit, der Gott nahekommt. So wie Maria können auch wir uns Gott zur Verfügung stellen als seine Werkzeuge, mit denen er an anderen und an der Welt handelt, aus deren Leben er etwas machen kann. Gott kann aus dem Kleinsten das Grösste machen. Wie Maria können wir uns von ihm finden und "begnaden" lassen. Maria hat da nichts dazu getan. Sie war einfach offen. Sie liess etwas mit sich geschehen. Und mit ihr geschah damals nichts anderes, als mit uns heute passiert: Glaube ist kein bestimmtes Gefühl, sondern etwas, das mich bewegt, in Bewegung versetzt und zur Tat führt.

Ein Wort des Engels lässt mich im Predigttext besonders aufhorchen: Gnade. Der Engel sagt: Maria, du Begnadete und dann: Maria, du hast Gnade bei Gott gefunden. Maria kann diese Gnade annehmen, kann erkennen und glauben, dass es da jemanden gibt, der es gut mit ihr und uns allen meint, der über dem Leben eines Jeden und einer Jeden mit Liebe waltet. Gottes gnädiges Wirken umfasst auch ihre Zukunft und die ihres Kindes.

Maria kann darin Vorbild für uns sein. Das ist es, was ich uns allen wünsche, dass wir glauben können, dass jemand gute Worte über unser Leben gesprochen hat und mit Maria dazu sagen können: „Mir geschehe, wie du gesagt hast."

Ich wünsche uns das Offensein für den menschlichen Gott, die Offenheit der Maria für das, was Gott mit uns vorhat: heute, in den nächsten Tagen und Wochen, im nächsten Jahr. Vertrauen wir auf Gott, lassen wir uns von ihm bewegen und zur Tat führen. Amen.

Glauben ist Dankbarkeit - Predigt zu Lukas 17,11-19

Und es geschah, während er nach Jerusalem unterwegs war, dass er durch das Grenzgebiet von Samaria und Galiläa zog. Und als er in ein Dorf hineinging, kamen ihm zehn aussätzige Männer entgegen. Sie blieben in einiger Entfernung stehen und erhoben ihre Stimme und riefen: Jesus, Meister, hab Erbarmen mit uns! Und als er sie sah, sagte er zu ihnen: Geht und zeigt euch den Priestern! Und es geschah, während sie hingingen, dass sie rein wurden.

Einer von ihnen aber kehrte, als er sah, dass er geheilt worden war, zurück, pries Gott mit lauter Stimme, fiel ihm zu Füssen auf das Angesicht nieder und dankte ihm. Und das war ein Samaritaner. Jesus aber antwortete: Sind nicht zehn rein geworden? Wo sind die übrigen neun? Hat sich keiner gefunden, der zurückgekehrt wäre, um Gott die Ehre zu geben, ausser diesem Fremden? Und er sagte zu ihm: Steh auf und geh! Dein Glaube hat dich gerettet.   Lukas 17,11-19

"Jesus, erbarme Dich", der Schrei der kranken Männer ist bis ins Dorf zu hören. Ihre Lage ist wirklich erbarmenswert. Nach ärztlichem Ermessen sind sie nicht mehr zu retten. Wie Pestkranke im Mittelalter hat man sie am Rand des Dorfes ausgesetzt, ohne menschliche und medizinische Hilfe. Die gesunden Dorfbewohner haben sie vor die Tür gesetzt. Man hat sie geächtet.

Warum werden sie so grausam behandelt? Sie sind krank. Sie verdienen Schonung und Fürsorge. Bei uns gibt es diese Krankheit nicht mehr. In Afrika und Asien ist sie noch verbreitet – die Lepra. Der Anblick dieser so genannten "Aussätzigen" ist oft grässlich. Die Krankheit hat ihnen im Spätstadium Hände und Füsse abgefressen, das Gesicht ist entstellt, die Glieder sind verstümmelt. Im Frühstadium haben sie nur einzelne helle Flecken auf der Haut. Es kostet grosse Überwindung, diese Kranken zu berühren und ihre Nähe auszuhalten. Welcher kranke Mensch kann unter solchen Umständen leben - oder gar gesund werden?

Dann geschieht die Begegnung mit Jesus. Er erbarmt sich, er begibt sich mit ihnen auf Augenhöhe. Er kennt weder Angst noch Ekel. Er schaut den Männern in die Augen, sieht ihre gequälten Blicke, ihre Trauer, ihre Verzweiflung. Er schaut hin, nicht weg. Die Heilung wird kurz erwähnt, als wäre es das Natürlichste der Welt, kurz und schmerzlos vom Aussatz befreit zu werden. Er heilt durch Gottes Geisteskraft.

Die Bibel berichtet über viele Wunderheilungen durch Jesus. Was sollen wir davon halten? Die Medizin glaubt nicht daran.

Wenn Menschen überraschend gesund werden, dann sprechen Mediziner von "Spontanremissionen" oder von einem "Placebo-Effekt". Es gibt Menschen, die die Kraft zum Heilen in sich tragen. Gott hat ihnen seine wunderbaren Segenskräfte geschenkt.

Sie heilen mit grosser Liebe zu den Menschen. Wenn Gott heilt, dann heilt er gründlich, an Leib und Seele.

Die Krankheit kann man den Leprakranken ansehen. Sie sind äusserlich gezeichnet. Aber eine kranke, verwundete Seele erkennt man nicht gleich. Man hört es an ihren verzweifelten Schreien nach Erbarmen, dass ihre Seelen gefangen sind. Sie schreien: "Wir sind auch Menschen. Wir haben ein Recht auf Würde. Wir möchten gesehen werden, wieder gebraucht werden, eine neue Lebenschance bekommen". Und Jesus heilt alle Wunden.

Die bekannte Ärztin, Elisabeth Kübler-Ross, hat ein Buch über Aids-Kranke geschrieben. Aids wirkt auf die Gesunden wie Aussatz. Sie reagieren mit Ekel und Angst. Sie meinen, die Aidskranken sind selber schuld an ihrer Krankheit. Man macht ihnen moralische Vorhaltungen wegen ihrer Sexualpraktiken. Die Ärztin sagt: Bei Aids hilft nur Liebe. Sie fühlte sich durch Aids herausgefordert, so zu handeln wie Jesus hier.

Gott hat jede und jeden von uns mit seiner wunderbaren Kraft ausgestattet. Sie heisst: Liebe. Liebe ist stärker als Ekel, stärker als Angst, stärker als der Tod. Der Weg, die Tür, sich der Liebe zu öffnen, ist der Glaube. "Dein Glaube hat dich gerettet" oder "hat dir geholfen".

Vielleicht fragen wir uns jetzt: Ob die zehn Männer wohl nicht gesund geworden wären, wenn sie nicht geglaubt hätten und nicht zu den Priestern gegangen wären? Und vielleicht fänden wir das dann reichlich unbarmherzig! Andererseits ist das ja doch nicht so viel verlangt, bei der Aussicht, gesund zu werden, die Priester aufzusuchen. Ausserdem war es neun der zehn Männer - ausser dem Samaritaner! - gewiss bekannt, dass die Priester die ehemals Kranken offiziell für rein erklären mussten. - Aber nun haben sie sich ja den Priestern gezeigt und wurden schon auf dem Weg dorthin gesund. Und wir denken bei uns: Gott sei Dank, dass sie das taten!

Wir könnten also auch hier, wie Jesus das bei einigen anderen Heilungen, von denen uns Lukas erzählt, ausgesprochen hat, sagen: Ihr Glaube hat sie gerettet, hat ihnen geholfen! (Lukas 8, 48; 17, 19; 18, 42) Es ist also an dieser wie bei vielen anderen Wundergeschichten das entscheidend: Jesus heilt nicht, um bei den Geheilten den

Glauben hervorzubringen. Es ist vielmehr umgekehrt: Der Glaube ist zuerst da - er empfängt das Wunder! Die Kraft Gottes ist da. Es braucht einfach den Glauben, um sich ihr zu öffnen und sie zu empfangen.

Das ist aber nur das eine, was wir über den Glauben und Jesu Wundertaten lernen sollen. Hier ist das zweite - und das ist nun nicht neu, aber doch wert, dass wir es heute und immer neu beherzigen: *"Einer von ihnen aber kehrte, als er sah, dass er geheilt worden war, zurück, pries Gott mit lauter Stimme, fiel ihm zu Füssen auf das Angesicht nieder und dankte ihm."* Die anderen neun Männer mögen ja nun auch dankbar gewesen sein. Und es hätte geradezu den vom Gesetz vorgeschriebenen Abschluss der Reinsprechung durch die Priester gebildet, Gott zu danken! Der zehnte Geheilte aber weiss, zu wem er gehen muss, von wem seine Heilung ausging und wem er sie verdankt: Jesus! Bei ihm hat er das Erbarmen Gottes erfahren. Er hat das Wort gesprochen, das ihn rein gemacht hat. Er hat im Auftrag und in der Vollmacht Gottes an ihm gehandelt. Darum preist er Gott und dankt Jesus. Und wieder - wie schon in der Geschichte von dem, der dem Opfer des Raubüberfalls half - ist es ein Samaritaner.

Der ist nicht nur äusserlich, sondern zuinnerst gesund geworden. Die Liebe Gottes hat sein Herz erreicht. Darum ist er erfüllt von Dankbarkeit, öffnet Gott sein Herz im Glauben. Das ist das wahre Wunder!

Damit sind wir bei uns heute. Wie steht es bei uns mit der Dankbarkeit des Glaubens? Wenn wir einmal ganz nüchtern unser Leben bis heute bedenken: Dass wir gerade in diesem Teil der Welt geboren wurden, gerade diese Eltern hatten, die uns einen guten Start ins Leben bieten konnten. Wenn wir unter Millionen Menschen gerade diesen einen gefunden haben, den wir lieben und der uns liebt? Dass wir gesunde Kinder bekommen und vielleicht inzwischen sogar Enkel haben, die uns Freude machen? Und an so manches, was wir nur allein wissen, können wir jetzt denken, was erst so ganz anders aussah und dann doch so gut und so dankenswert geworden ist. Was ist das das alles für uns? Für mich sind es Wunder, Wunder die Gott für uns getan hat.

Und wenn uns das jetzt alles nicht überzeugen kann, dann stellen wir uns vor, wir wären einer, der für die Ersparnisse seines ganzen bisherigen Lebens einen Platz auf einem überfüllten Schiff gekauft hat, das dann nach unsicherer Fahrt irgendwo an der französischen oder italienischen Küste anlandet, wo uns die Behörden in ein überfülltes Lager überführen, um uns dann nach Wochen oder Monaten wieder zurückzuschicken in die Hoffnungslosigkeit unserer afrikanischen Heimat, die uns doch nie Heimat gewesen ist, sondern nur der Ort eines harten und oft aussichtslosen Überlebenskampfes.

Wenn wir krank werden, dann fragen wir uns ja oft: Womit habe ich das verdient? Wenn wir gesund sind, fragen wir uns meistens nicht: Womit habe ich das verdient? Das Gute nehmen wir als selbstverständlich in Anspruch.

Aber bei Licht besehen steht uns ja gar nichts zu. Der Schauspieler Woody Allen soll einmal bei der Entgegennahme eines Preises gesagt haben: "Verdient habe ich den Preis nicht. Aber was verdient man sich schon im Leben? Auch meine Zuckerkrankheit habe ich ja nicht verdient."

In diesem Scherz spiegelt sich eine tiefe Wahrheit. Wir verdienen nichts. Uns steht nichts zu. Auch das Vergleichen mit Dingen, die andere haben oder nicht haben, führt nicht wirklich weiter als nur zu einer vermehrten Unzufriedenheit.

Wir stehen immer unmittelbar vor Gott mit dem, was ist. Nur direkt vor Gott kann ich erkennen, wie sehr ich begnadet bin. Nur direkt vor Gott erkenne ich die Geschenke, die Gott mir allein gemacht hat. Nur direkt vor Gott spüre ich auch den wirklichen Mangel und das, was Gott mir versagt - warum auch immer. Ich muss mich also immer direkt vor Gott stellen und fragen: Gott, was willst du mir sagen mit dem, was du mir gibst, und mit dem, was du mir versagst und nimmst? Was willst du, Gott, mir damit zeigen? Was soll ich erkennen?

Direkt vor Gott - das ist der Anfang des wahren Erkennens und meistens auch des Dankens. Ich sehe die Geschenke, ich spüre die Gnade. Ich verstehe vielleicht etwas davon, warum mir dies oder jenes versagt bleibt. Und ich beginne zu danken. Ich kehre aus dem Jammer oder der Gleichgültigkeit des Alltags um zum Dank.

Ich vergleiche nicht. Ich nehme nicht einfach nur hin. Ich zucke nicht immer nur mit den Achseln. Das Leben mit Gott ist mehr als das. Das Leben mit Gott ist der Blick auf die Gnade, auf die Geschenke, auf den Mangel. Nur wenn ich suche und frage, erkenne ich auch, was Gott mir sagen will. Und nur wer sucht und fragt, wird immer wieder neu umkehren und danken, und dabei vielleicht sogar einmal auf die Knie gehen. Und Jesus? Der sagt dann auch noch etwas zu uns. Er sagt: Steh wieder auf und geh, dein Glaube hat dich gerettet.

Auch Schwere Erfahrungen und dunkle Seiten eines Lebens sind nicht Etappen, die möglichst schnell verdrängt werden müssen. Jesus sagt: "Dein Glaube hat dich gerettet." Das bedeutet doch: "Dein Glaube hat dir Heil gebracht und dich heil gemacht. Es gibt keine Etappen in deinem Leben, die einfach vergessen werden müssen. Du kannst es annehmen, und das lässt dich vielleicht auch erkennen, wie dir durch Schweres manches Gute geschehen ist." So kann ich heute sagen: Durch die Erkrankung an Krebs, die so ein Schock war, hat sich mein Leben zutiefst von Grund auf verändert. Ich habe zu mir selbst und zu Gott gefunden, wie vorher nicht. Der Weg hat mich in eine Tiefe und einen Reichtum im spirituellen Bereich geführt, dass neue Welten aufgegangen sind. Ich möchte nicht dahinter zurück – nicht einmal wenn es das Leben kostet.

Ja, der Glaube hilft. Er hilft mir, mein Leben nicht nur an der Oberfläche zu sehen, sondern auch in der Tiefe. Und je tiefer ich sehe, desto dankbarer werde ich. Amen.

Die offene Tür - Predigt zu Lukas 13,22-30

Und er zog von Stadt zu Stadt und von Dorf zu Dorf und lehrte und nahm so seinen Weg nach Jerusalem. Da sagte einer zu ihm: Herr, ob es wohl wenige sind, die gerettet werden? Er sagte zu ihnen: Setzt alles daran, durch die enge Tür einzutreten! Denn viele, sage ich euch, werden es versuchen, und es wird ihnen nicht gelingen. Wenn sich der Hausherr erhoben und die Tür verschlossen hat und ihr noch draussen steht und erst dann anfangt, an die Tür zu klopfen und zu sagen: Herr, öffne uns!, wird er euch antworten: Ich weiss nicht, woher ihr seid! Dann werdet ihr anfangen zu sagen: Wir haben doch vor deinen Augen gegessen und getrunken, und du hast auf

unseren Strassen gelehrt. Und er wird zu euch sagen: Ich weiss nicht, woher ihr seid. Weg von mir, all ihr Übeltäter!
Und sie werden kommen von Osten und Westen und von Norden und Süden und bei Tisch sitzen im Reich Gottes. Da gibt es Letzte, die Erste sein werden, und es gibt Erste, die Letzte sein werden. Lukas 13,22-27.29-30

Verschlossene Türen können ärgerlich sein! Das haben sicher viele von uns schon erlebt: Wir haben in der Ferien eine Wanderung an einem Montag unternommen und uns nach Stunden müde und durstig auf das Restaurant gefreut. Aber die Tür war fest verschlossen mit der Inschrift: "Montag Ruhetag!"
Oder Sie besuchen in einem fremden Land einen historischen Ort. 16.01 Uhr stehen Sie vor der Tür der berühmten Stätte: Vor Ihrer Nase wird sie geschlossen mit der Angabe: Geöffnet von 10-16 Uhr! Pech gehabt! Sie hätten sich ja vorher erkundigen können!
Nur kaum einer denkt, dass das auch im Blick auf Gott, auf den Himmel, auf das Ziel unseres Lebens so sein könnte.
"Wir waren Freiwillige in der Kirchgemeinde!" "Wir haben die Frauen- und die Seniorenanlässe besucht!" "Wir haben im Chor mitgesungen!" "Wir haben Verantwortung für die Gemeinde in der Kirchenpflege getragen!"
So tönt vielleicht unsere Version von: *Wir haben doch vor deinen Augen gegessen und getrunken, und du hast auf unseren Strassen gelehrt.* Wenn es nur um das äussere Dabeisein geht, nicht um das Dasein mit ganzem, offenem Herzen, dann könnte die Antwort lauten: *Ich weiss nicht, woher ihr seid. Weg von mir, all ihr Übeltäter!*
So kennen wir Jesus in der Tat nicht! Hatte Jesus vielleicht einen schlechten Tag, als er so redete? Hat er hier eventuell übertrieben?
Wollte er uns vielleicht unevangelisch Angst einjagen wie früher Vertreter der Kirche mit ihren Droh- und Höllenpredigten? Meinte Jesus vielleicht mit seinen Worten Terroristen und sonstige Verbrecher? Nein, Jesus meinte tatsächlich ganz normale Mitglieder der jüdischen Gemeinden, die im Rückblick auf ihr Leben geltend machen: *Herr, Herr, sind wir nicht in deinem Namen als Propheten aufgetreten, und haben*

wir nicht in deinem Namen Dämonen ausgetrieben und mit deinem Namen viele Wunder vollbracht? (Matthäus 7, 23, Einheitsübersetzung)

In heutigen Worten vielleicht: "Haben wir nicht prophetisch die christlichen Werte zur Geltung gebracht und im Blick auf die Umwelt und den Weltfrieden gewarnt, haben wir nicht die ungerechten Strukturen und Verhältnisse in der Welt aufgedeckt und erfolgreich für diakonische Einrichtungen und die Entwicklung in der armen Ländern gesammelt?" Dann könnte es dennoch sein, dass Jesus antwortet: "Ich kenne euch nicht." Weil es nicht um das äussere Tun geht, sondern um das innerste Herz. Wenn es um das eigene Ego geht, selber gut da zu stehen, Dank und Anerkennung zu bekommen, besser zu scheinen als andere, dann nützt alles nichts.

Paulus hat es so gesagt: *Wenn ich mit Menschen- und mit Engelszungen rede, aber keine Liebe habe, so bin ich ein tönendes Erz, eine lärmende Zimbel. Und wenn ich die Gabe prophetischer Rede habe und alle Geheimnisse kenne und alle Erkenntnis besitze und wenn ich allen Glauben habe, Berge zu versetzen, aber keine Liebe habe, so bin ich nichts. Und wenn ich all meine Habe verschenke und meinen Leib dahingebe, dass ich verbrannt werde, aber keine Liebe habe, so nützt es mir nichts.*

Wir haben in Theologie und Kirche das biblische Bild von Jesus und auch sonst vieles in der Bibel so lange hin- und her gewendet, überlagert und gefiltert, dass dabei etwas herausgekommen ist, das in unsere Schemen passt: Ein populärer Christus, der Star vieler Menschen, die insgeheim die Bedeutung von Christus kennen oder doch ahnen, von ihm aber sonst nicht behelligt werden wollen. Ein Christus, der uns stets ermuntert, gut zuspricht, etwas Hilfreiches für jede Lebenslage bereit hält und uns versichert, dass Gott unendlich gnädig ist, ganz egal, wie wir leben. Natürlich verlangt dieser Christus Nächstenliebe und soziales Engagement. Wenn damit nicht übertrieben wird, ist das ja durchaus in unserem Sinn und beruhigt unser schlechtes Gewissen! Diesen Jesus mögen wir: Er stört uns nicht, er fordert uns nicht wirklich, er lässt unser Ego unangetastet und poliert es sogar noch etwas auf, er lässt uns unsere eigene Lebensplanung, und am Ende empfängt er uns an der offenen Himmelstür. Lebt, wie ihr wollt, und sterbt, wie ihr wollt, die Tür ist auf jeden Fall offen.

Nur, dies ist nur das halbe Bild, eine Halbwahrheit und damit zugleich eine Irreführung. Sie ist nur schwer zu durchschauen, weil der Christus der Bibel ja einerseits tatsächlich in sensationeller Weise die Gnade und Liebe Gottes verkündet. Er gab Aussenseitern eine Chance, er nahm sie in seine Nähe, nahm sie auf in die Gemeinschaft mit Gott und in die Gemeinschaft der Menschen: Sektierer, wie etwa den Samaritaner, Abzocker und Betrüger wie Zachäus, Menschen ausserhalb der gesellschaftlichen Moral wie die Ehebrecherin, als Sünder verachtete Kranke und Behinderte wie Aussätzige und den Blindgeborenen und Kinder, die man sowieso nicht für voll nahm.

Aber neben dieser bedingungslosen Gnade und Liebe Gottes, die Jesus verkündet und praktiziert hat, steht sein Ruf in die Nachfolge, der ebenso bedingungslose und totale Anspruch Gottes auf unser Leben und unser Herz: *Wenn einer mir auf meinem Weg folgen will, verleugne er sich und nehme sein Kreuz auf sich, Tag für Tag, und so folge er mir! Denn wer sein Leben retten will, wird es verlieren; wer aber sein Leben verliert um meinetwillen, wird es retten. Denn was hilft es dem Menschen, wenn er die ganze Welt gewinnt, dabei aber sich selbst verliert oder Schaden nimmt?*

Wir alle stehen in der Gefahr, mit ergreifenden Worten von Gott zu reden und gleichzeitig seinen Willen zu missachten. Vor dieser Gefahr ist niemand gefeit, auch nicht die hauptamtlichen und ehrenamtlichen Mitarbeitenden der Kirche. Gott erwartet, dass wir ernsthaft versuchen, seinen Willen nicht nur für unsere persönlichen Ziele zu gebrauchen, sondern seinen Willen über unsere eigenen Bestrebungen, Ideen und Wünsche zu stellen. Wenn wir uns darum wirklich bemühen, aber dennoch scheitern, dann wird Gott uns gnädig sein, wenn wir ihn um Vergebung bitten. Wenn wir aber wie der Spötter Voltaire leichtfertig davon ausgehen, es sei schliesslich Gottes "Job", zu vergeben - "pardonner - c'est son métier", - egal, wie ernst wir ihn nehmen, da könnten wir vor einer verschlossenen Tür stehen und hören: *Ich weiss nicht, woher ihr seid.*

Sich selbst verleugnen, sein Leben verlieren - es geht darum, das eigene Ego aufzugeben, das so gerne schön und gläubig redet, das so gerne besondere Erkenntnisse hat, das so gerne Heilungen und Wunder erlebt, das so gerne gute Taten vollbringt, das durchaus zu Höchstleistungen fähig ist, das durchaus sich selbst aufopfern kann bis in den Tod - wenn es nur das Gefühl haben darf, gut zu sein, besser als andere zu sein, wenn es nur Bewunderung und Anerkennung oder wenigstens Dank dafür bekommt. Du erkennst dein Ego daran, dass es dich sticht, wenn du keinen Dank bekommst für etwas Gutes, wenn andere besser sind als du und mehr Lob und Anerkennung finden, wenn andere die Ehre erhalten, die eigentlich dir zusteht. Eine Schamanin hat einmal gesagt: Du kannst alles erreichen, wenn du bereit bist, die Ehre dafür jemand anderem zu lassen. Das ist echte Spiritualität, ob sie den Namen von Christus im Munde führt oder nicht. Alles andere ist Theater.

Der Mangel an solcher echt spirituellen Haltung ist es, der die Kirche oft so unglaubwürdig und ungeniessbar macht und kraftlos und unfähig, den Lebensdurst der Menschen zu stillen und sie zu heilen.

Darum *gibt es Letzte, die Erste sein werden, und es gibt Erste, die Letzte sein werden.*
In den Ferien in Amerika, als ich von grossen Persönlichkeiten der Indianer las und wie die eingewanderten christlichen Europäer mit ihnen umgingen, hat es mich wieder tief bewegt und erschüttert, wie in christlichem Namen und im christlichen Windschatten Menschen verkannt, entwürdigt, entrechtet, betrogen und brutal behandelt und misshandelt und getötet wurden - Menschen, die zum Teil eine ergreifend tiefe Spiritualität und Menschlichkeit zeigten, die derjenigen derer, die sie belehren wollten, überlegen war. Statt Menschen aufzunehmen, hat man sie ausgestossen, und den christlichen Glauben mit einer Hypothek belastet, von der ich nicht weiss, wie sie abzutragen sein sollte.

Wir Christen stehen immer in Gefahr als Erste zu Letzten zu werden, und ich hoffe zu sehen, wie Letzte zu Ersten werden. Ein solcher Letzter, der ein Erster geworden ist, ist für mich der Oglala-Sioux-Medizinmann Black Elk (Schwarzer Hirsch), der dann Mitglied der christlichen Kirche geworden ist und versucht, den neuen Glauben mit dem alten zu verbinden. Und ich glaube, dass die Spiritualität der Ureinwohner Amerikas uns sehr viel zu geben hat, das wir brauchen. Hier ein Gebet von Black Elk:

"Grosser Vater, Grosser Geist, du bist immer gewesen und vor dir ist keiner gewesen. Es ist keiner, um zu ihm zu beten, ausser dir. Du, du selbst, alles, was du siehst, ist von dir gemacht worden. Die Sterne über das ganze Universum hast du vollendet. Den Tag und in diesem Tag alles hast du vollendet. Grosser Vater, Grosser Geist, neige dich nahe zur Erde, dass du die Stimme hören mögest, die ich sende. Grosser Geist, Grosser Geist, mein Grosser Vater, über die ganze Erde sind die Gesichter aller lebenden Dinge ähnlich. Mit Zartheit sind sie aus dem Boden hervor gekommen. Schau auf diese Gesichter von Kindern ohne Zahl und mit Kindern in ihren Armen, dass sie sich den Winden stellen und die gute Strasse zum Tag der Ruhe gehen. Das ist mein Gebet. Höre mich. Die Stimme, die ich gesandt habe, ist schwach, aber mit Ernsthaftigkeit habe ich sie gesandt. Höre mich!"

Mögen wir in unserem tiefsten Herzen die Knie beugen vor Gott, *denn der Mensch sieht, was vor Augen ist, Gott aber sieht das Herz an.* Amen.

Die Quelle in dir - Predigt zu Johannes 4,4-30

*Er musste aber durch Samaria hindurchziehen. Nun kommt er in die Nähe einer Stadt in Samarien namens Sychar. Dort war der Brunnen Jakobs. Jesus war müde von der Reise, und so setzte er sich an den Brunnen; es war um die sechste Stunde. Eine Frau aus Samaria kommt, um Wasser zu schöpfen. Jesus sagt zu ihr: "Gib mir zu trinken"! Seine Jünger waren nämlich in die Stadt gegangen, um Essen zu kaufen. Die Samaritanerin nun sagt zu ihm: "Wie kannst du, ein Jude, von mir, einer Samaritanerin, zu trinken verlangen?" Juden verkehren nämlich nicht mit Samaritanern. Jesus antwortete ihr: "Kenntest du die Gabe Gottes und wüsstest, wer es ist, der zu dir sagt: Gib mir zu trinken, so würdest du ihn bitten, und er gäbe dir lebendiges Wasser." Die Frau sagt zu ihm: "Herr, du hast kein Schöpfgefäss, und der Brunnen ist tief. Woher also hast du das lebendige Wasser? Bist du etwa grösser als unser Vater Jakob, der uns den Brunnen gegeben hat?" Jesus entgegnete ihr: "Jeder, der von diesem Wasser trinkt, wird wieder Durst haben. **Wer aber von dem Wasser trinkt, das ich ihm ge-***

ben werde, der wird in Ewigkeit nicht mehr Durst haben, nein, das Wasser, das ich ihm geben werde, wird in ihm zu einer Quelle werden, deren Wasser ins ewige Leben sprudelt." Die Frau sagt zu ihm: "Herr, gib mir dieses Wasser, damit ich nicht mehr Durst habe und hierher kommen muss, um zu schöpfen." Er sagt zu ihr: "Geh, rufe deinen Mann und komm hierher!" Die Frau entgegnete ihm: "Ich habe keinen Mann." Jesus spricht zu ihr: "Zu Recht hast du gesagt: Einen Mann habe ich nicht. Denn fünf Männer hast du gehabt, und der, den du jetzt hast, ist nicht dein Mann. Damit hast du die Wahrheit gesagt." Die Frau sagt zu ihm: "Herr, ich sehe, du bist ein Prophet. Unsere Väter haben auf diesem Berg gebetet, und ihr sagt, in Jerusalem sei der Ort, wo man beten soll." Jesus sagt zu ihr: "Glaube mir, Frau, die Stunde kommt, da ihr weder auf diesem Berg noch in Jerusalem zum Vater beten werdet. Aber die Stunde kommt, und sie ist jetzt da, in der die wahren Beter in Geist und Wahrheit zum Vater beten werden, denn auch der Vater sucht solche, die auf diese Weise zu ihm beten. **Gott ist Geist, und die zu ihm beten, müssen in Geist und Wahrheit beten.**" Die Frau sagt zu ihm: "Ich weiss, dass der Messias kommt, den man den Gesalbten nennt; wenn jener kommt, wird er uns alles kundtun." Jesus sagt zu ihr: "Ich bin es, ich, der mit dir spricht." Die Frau liess nun ihren Wasserkrug stehen und ging in die Stadt, und sie sagt zu den Leuten: "Kommt, da ist einer, der mir alles gesagt hat, was ich getan habe. Sollte dieser etwa der Christus sein?" Sie gingen aus der Stadt hinaus und kamen zu ihm.

Eine Begegnung wie in einem Märchen - zwei geheimnisvolle Menschen. Mir kommt dazu das Wort von Albert Einstein in den Sinn: "Es gibt zwei Arten, sein Leben zu leben: Entweder so, als wäre nichts ein Wunder, oder so, als wäre alles eines. Ich glaube an Letzteres." Wir hören eine ganz natürliche Erzählung und sehen zugleich eine Kette von Wundern. Diese Geschichte zeigt besonders deutlich, dass das ganze Leben sich auf zwei Ebenen abspielt. Wir sehen einen Fluss, der an der Oberfläche fliesst, und zugleich gibt es einen unsichtbaren Grundwasserstrom darunter. Und beides fliesst ineinander und miteinander.

Darum gibt es im Leben keine Zufälle. Unter der Oberfläche des Alltäglichen und Irdischen verbergen sich die Wunder des Geistes. Jesus geht mit seinen Jüngern einen Weg. An einem Brunnen machen sie Mittagspause. Die Jünger gehen ins Dorf, um etwas zu essen zu kaufen. Genau in dem Moment kommt eine Frau an den Brunnen. Sonst ist niemand da, weil in der Mittagshitze, wie man in Israel sagt, nur die Esel und die Touristen draussen sind. Die Frau will also eigentlich niemandem aus dem Dorf begegnen. Warum wohl? Eine Begegnung an einem Brunnen. Eine banale alltägliche Geschichte und zugleich eine tiefe geistige Geschichte. Der Brunnen - etwas ganz Einfaches und zugleich ein Symbol von unauslotbarer Tiefe, immer wieder ein Bild in Märchen und Mythen. Es gibt den Brunnen in der äusseren Welt und es gibt den Brunnen, die Quelle in der inneren Welt, in der Welt des Geistes.

Jesus hat Durst, aber kein Schöpfgefäss, und so bittet er die Frau, ihm etwas Wasser zu geben. Da tut er etwas, das in der Alltäglichkeit einschlägt wie ein Blitz. Er redet als Jude mit einer Samaritanerin, und er spricht als Mann eine Frau offen an - und das noch allein! Dieser Blitz durchschlägt die Oberfläche, und von einem Moment zum anderen bewegen sich die beiden im unsichtbaren Grundwasserstrom, wobei die Frau Mühe hat, die Ebenen zu wechseln. Alles Äussere wird zum Symbol des Inneren: der Brunnen, das Wasser, der Durst, das Trinken. Es geht um das Wichtigste, das Entscheidende im Leben: den innersten Durst nach Leben, nach Erfüllung, nach Sinn, um die Sehnsucht nach Frieden und Schönheit, danach, sich selbst zu finden - und Gott. Es geht um dieses letzte Suchen, das Menschen auf die höchsten Gipfel und in die tiefsten Tiefen, auf die paradiesischsten Inseln und in die einsamsten Wüsten, in die verrücktesten Wagnisse und Abenteuer treibt - dieses Suchen, das nie zur Ruhe kommt, weil die Erfüllung nicht draussen zu finden ist, sondern nur im Innern. Man muss keinen Weg aussen gehen, um sie zu finden, sondern den Weg nach innen. Drinnen im Herzen redet Jesus, redet Gott. Drinnen im Herzen fliesst die Quelle. Ich muss nur hören, ich muss nur trinken. Die Quelle ist ja da. Jesus Christus ist ja da. Er sagt einmal: "Bevor Abraham war, bin ich." Er ist immer schon da und klopft am Herzen. Du brauchst nur ja zu sagen. Die Frau steht nicht nur äusserlich, sie steht auch innerlich direkt am Brunnen, direkt an der Quelle; sie muss es nur sehen und sich öffnen und trinken.

Um das Entscheidende zu finden, die wahre Erfüllung, den inneren Frieden, die Stillung aller Sehnsucht, uns selbst und Gott, den wahren Schatz, dazu müssen wir nirgendwo hin gehen, dazu müssen wir nichts vollbringen. Es ist immer schon da, wo wir sind. Wir können es nur unmittelbar in uns finden. Davon erzählt eine der bekanntesten jüdischen Geschichten, die von Rabbi Eisik oder Jizchak von Krakau.

Eines Nachts träumte er, unter einer Brücke in Prag sei ein Schatz versteckt. Als er es zum dritten Mal geträumt hatte, ordnete er am nächsten Tag seine Angelegenheiten und reiste mit einer Schaufel in die tschechische Hauptstadt. Als er dort ankam, war er überglücklich, denn die Brücke sah genau so aus wie in seinem Traum. Aber die Brücke war stark bewacht. So ging er ein wenig zur Seite und kam immer wieder in die Nähe, um zu schauen, wo wohl der Schatz sei. Da wurde er gepackt und vor den Kommandanten geführt. Reb Jizchak erzählte ihm alles: dass er eine Synagoge bauen wolle, von einem Schatz geträumt habe und aus Polen angereist sei. „Dummkopf", sagte der Polizist, „ich habe mehrere Male von einem Schatz geträumt, der in Krakau unter dem Ofen eines Juden namens Jizchak liegt. Glaubst du etwa, ich reise den weiten Weg nach Krakau, wo jeder zweite Jude Jizchak heisst, um diesen Schatz zu suchen? Träume sind Lug und Trug. Wer ihnen glaubt, ist ein altes Weib!" Reb Jizchak lächelte, verneigte sich, ging und dankte Gott. Er fuhr wieder nach Hause, grub unter seinem Ofen und fand den Schatz und baute die Synagoge. Was er gesucht hatte, befand sich in seinem eigenen Haus!

*Wer von dem Wasser trinkt, das ich ihm geben werde, der wird in Ewigkeit nicht mehr Durst haben, nein, das Wasser, das ich ihm geben werde, wird **in ihm** zu einer Quelle werden, deren Wasser ins ewige Leben sprudelt.*

Der Schatz, die Quelle ist in unmittelbarer Nähe, und doch kann unser Weg dazu weit sein. Es gibt in jedem Leben einen Schlüssel, einen Knackpunkt. Der ist die tiefste Sehnsucht und zugleich die tiefste Wunde unseres Lebens. Als die Frau Jesus um das lebendige Wasser bittet, sagt er: *"Geh, rufe deinen Mann!"* Die Frau entgegnete ihm: *"Ich habe keinen Mann."* Jesus spricht zu ihr: *"Zu Recht hast du gesagt: Einen Mann habe ich nicht. Denn fünf Männer hast du gehabt, und der, den du jetzt hast, ist nicht dein Mann. Damit hast du die Wahrheit gesagt."* Die Frau muss und darf die ganze Wahrheit ihres Leben sehen, die Geschichte ihres Suchens nach Liebe, ihrer Verletzungen und ihres Scheiterns. Da, wo mein innerster Durst ist, mein tiefstes Sehnen und Suchen, da, wo meine tiefste Verletzung ist, da zutiefst in meinem Herzen finde ich Gott.

Die Antwort von Jesus öffnet der Frau die Augen. Sie sieht ihr Leben offen vor sich. Sie erkennt, was da alles geschehen ist, stellt Zusammenhänge her. Sie sieht vielleicht eigene Schuld und beginnt, Versagen und Fehler zu erkennen. Das hilft ihr, sich mit der Vergangenheit auseinanderzusetzen. Wenn Jesus sie ihr Leben so deutlich sehen lassen kann, muss es etwas Besonderes mit ihm sein. Jesus bringt einen neuen Geist in ihr Leben, eine neue Sicht. Dadurch, dass die Frau sich wahrgenommen und angenommen fühlt, gewinnt sie Vertrauen und öffnet sich. Nun stellt sie auf eine andere Art noch einmal die Frage, wo denn die Quelle zu finden ist. Wo ist der rechte Ort, um zu beten, um Gott zu begegnen?

Und die Antwort kann eben nur lauten, dass es nicht auf den Ort ankommt, dass Gott überall ist, dass man Gott überall, das heisst immer gerade da, wo man ist, finden kann. Gerade da, wo du jetzt lebst, gerade da, wo du jetzt stehst in deinem Leben, gerade in den Umständen, in denen du dich jetzt befindest - wie schwierig oder unmöglich sie auch sein mögen - gerade und genau und nur da kannst du Gott begegnen, will Gott dir begegnen. Nicht an unserem Wunschort oder an unserem Traumort begegnet uns Gott, sondern an dem realen Ort, an dem wir sind.

Wir müssen dazu auch keine Worte oder Formen oder Rituale kennen oder auswendig lernen oder beherrschen. Worte, Formen, Rituale können hilfreich sein. Aber das Entscheidende ist das Herz. Es geht um die innere Einstellung, Haltung und Ausrichtung. Es geht darum, dass ich echt bin und präsent bin. *Gott ist Geist, und die zu ihm beten, müssen in Geist und Wahrheit beten.*

Die Frau hat es immer noch nicht ganz erfasst. Sie ordnet es für sich so ein: *Ich weiss, dass der Messias kommt; er wird uns alles kundtun.* Nun wird Jesus persönlich, weil Wahrheit nicht etwas im Kopf ist, das man glaubt oder erkennt, sondern eine persönliche, lebendige Beziehung und Erfahrung. So offenbart er sich als Messias: *Ich bin es, ich, der mit dir spricht.* Nun springt der Funke über und das Feuer beginnt zu brennen, die Quelle beginnt zu sprudeln in ihr. Sie ist Gott begegnet, sie hat Gott erfahren. Und das Feuer springt weiter. Das Wasser strömt weiter. Diese Frau behält ihre Erfahrung nicht für sich. Sie erzählt es weiter. Sie berichtet von ihrer Erfahrung und fordert die Menschen auf, ihre eigene Erfahrung zu machen. So geschieht Pfingsten, auch heute. Der Geist von Jesus bringt Menschen zu einer neuen Art des Lebens und führt sie dazu, andere Menschen an ihrer Erfahrung teilhaben zu lassen.

Der Kirchenvater Augustinus (354 - 430) hat es nach einem suchenden und wild bewegten Leben so ausgedrückt, nachdem er Gott in Christus gefunden hatte: "Unruhig ist unser Herz – bis es ruht in Dir (- GOTT -)!"

Ein Mystiker fragte einmal seine Schüler: Worin besteht die rechte Gottesverehrung?" Sie antworteten: "Darin, dass man Gott liebt und seinen Nächsten wie sich selbst." Der Mystiker schüttelte den Kopf: "Wer meint, er liebe Gott und seinen Nächsten, steht noch unter einem Zwang. Ihr sollt vielmehr sagen: "Ich glaube fest, dass Gott mich liebt." Darin besteht die rechte Gottesverehrung.

Verbunden mit der höheren Welt - Predigt zu Johannes 8,21-30

Nun sagte er wieder zu ihnen: **Ich gehe fort,** *und ihr werdet mich suchen, und* **ihr werdet in eurer Sünde sterben. Wo ich hingehe, da könnt ihr nicht hinkommen.** *Da sagten die Juden: Will er sich etwa selber töten, dass er sagt: Wo ich hingehe, da könnt ihr nicht hinkommen? Und er sagte zu ihnen:* **Ihr seid von unten, ich bin von oben. Ihr seid von dieser Welt, ich bin nicht von dieser Welt.** *Nun habe ich euch gesagt, dass ihr in euren Sünden sterben werdet. Denn wenn ihr nicht glaubt, dass ich es bin, werdet ihr in euren Sünden sterben. Da sagten sie zu ihm: Wer bist du? Jesus sagte zu ihnen: Was rede ich überhaupt noch mit euch? Ich hätte viel zu reden und zu richten über euch. Aber* **der mich gesandt hat, ist glaubwürdig, und was ich von ihm gehört habe, das rede ich zur Welt.** *Sie erkannten nicht, dass er vom Vater zu ihnen* *sprach. Da sagte Jesus zu ihnen: Wenn ihr den Menschensohn erhöht habt, dann werdet ihr erkennen, dass ich es bin und dass ich von mir aus nichts tue, sondern so rede, wie mich der Vater gelehrt hat.* Und **der mich gesandt hat, ist mit mir. Er hat mich nicht allein gelassen, denn ich tue allezeit, was ihm gefällt.** *Als er so redete, kamen viele zum Glauben an ihn.*

Was ist los mit Jesus? Was macht ihn so anders, als wir ihn kennen? Er brüskiert - so scheint es - seine Zuhörer - provoziert vielleicht auch uns mit seinen Worten hier. Man spürt, dass ihn Welten trennen von seinen Zuhörern. Sie sind einander fremd. Es tut sich hier ein Abstand, eine Kluft auf, die sich auch heute auftun kann zwischen Menschen. Es ist wie wenn ein Sehender mit Blinden reden würde oder vielleicht besser gesagt einer, der wie mit Infrarot Nachtsicht hat mit solchen, die im Dunkeln sind. Er nimmt eine ganze Welt wahr, die sie nicht wahrnehmen. Und er gehört mehr zu dieser anderen Welt als zu dieser Welt. Er steht als Mensch von Fleisch und Blut mit beiden Beinen auf der Erde dieser sichtbaren, wahrnehmbaren, messbaren, beherrschbaren Welt und er lebt mit dem Geist zugleich in einer anderen, ewigen, unendlichen Welt, die Zeit und Raum und Verstand übersteigt, in der Gott unmittelbar gegenwärtig ist mit seinen Massstäben und Werten. *Ihr seid von unten, ich bin von oben. Ihr seid von dieser Welt, ich bin nicht von dieser Welt.*
Darum ist ihm das Bild, das Menschen – noch dazu die Hüter der Religion – sich von Gott machen, viel zu eng und verkehrt. Jesus will es aufbrechen. Gott ist ihm zu sehr eingemauert in Gesetze, die die Menschlichkeit erdrücken; Gott ist zu einer distanzierten, allmächtigen Grösse geworden, starr, vor allem eine Ordnungsinstanz. Jesus kennt Gott anders und er wagt es in dieser Welt, Gott anders zu denken, den lebendigen Gott zu fühlen, zu leben, zu lieben, mit ihm in Beziehung zu sein. Indem er das tut, ist Gott selbst in ihm menschlich, damit die Menschen göttlich werden. *Der mich gesandt hat, ist mit mir. Er hat mich nicht allein gelassen, denn ich tue allezeit, was ihm gefällt.*
So redet Jesus von Gott, der in väterlicher und mütterlicher Liebe alles geschaffen hat und immer da ist für uns, bei uns, mit uns - Gott, von dem wir herkommen und der

sich väterlich für uns verantwortlich fühlt und seinen Kindern mütterlich Geborgenheit und Barmherzigkeit schenkt. Diesen Gott lebt und verkündet Jesus. Für diesen Gott kämpft er mit Leidenschaft – das bedeutet Passion: Mit Liebe und Leidenschaft für Gott Leib und Leben einsetzen. Wagen wir es, Jesus zu glauben, dass Gott Liebe ist, Barmherzigkeit, Menschlichkeit? Oder bleiben wir dieser Welt verhaftet?

Wenn ihr nicht glaubt, dass ich es bin, werdet ihr in euren Sünden sterben. Ihr werdet in euren Sünden sterben – gleich dreimal sagt Jesus das in diesen paar Versen! Da entstehen Missverständnisse - vor allem bei uns heute. Jesus mutet uns einiges zu. Wer redet denn heute noch von Sünde? Und was meint das überhaupt?

Was geht in uns vor, wenn wir das Wort „Sünde" hören? Denken wir an Fehler, Übertretungen, an das schlechte Gewissen, an ungesundes oder zu viel Essen? Irgendwie ist doch immer wieder vor allem eine moralische Vorstellung mit Sünde verbunden. Darum geht es Jesus aber nicht, dass wir in oder an unserer Moral oder Unmoral sterben. Für ihn geht es um die Beziehung zu Gott bzw. die Nicht-Beziehung, die Beziehungslosigkeit. Der Draht zu Gott ist abgerissen. Funkstille zwischen Gott und mir – das meint „Sünde".

Das Wort „Sünde" lässt sich mit dem alten deutschen Wort „Sund" verbinden. Ein Sund ist ein Graben zwischen zwei Festlandteilen, die einmal verbunden waren. Im Hebräischen und Griechischen bedeutet Sünde ursprünglich das Ziel verfehlen, nicht finden, nicht erreichen, sich selber verfehlen. Sünde heisst also zweierlei: Erstens: Ich verfehle meine Bestimmung, ich bin nicht das, wozu ich geschaffen bin und was ich sein und werden sollte. Zweitens: Ich bin nicht in Beziehung, nicht in Liebe verbunden, wo Verbindung und Beziehung sein sollte. Sünde ist ein Beziehungsbegriff. Es geht um die Beziehung zu mir selbst, zu Gott, zu den Menschen, zur ganzen Schöpfung, zu allem, was ist. Die Welt ist letztlich unteilbar, wie die Liebe unteilbar ist. Sünde heisst: Da ist ein Abstand, eine Distanz, eine Trennung, wo Verbindung und Beziehung sein sollte zu mir selbst, zu meinem wahren Selbst, zu meinem Herzen, zwischen mir und Gott, zwischen Gott und Mensch, zwischen Gott und uns, zwischen uns und den anderen, zwischen uns und der Schöpfung, die wir eigentlich zusammengehören.

Wenn Jesus sagt, er sei von oben, wir von unten, will er nicht nur eine Brücke über den Sund bauen, dann ist er bereit, in die Tiefe zu gehen; in den Sund, in die Trennung, in die wir hineingerutscht sind. Vielleicht haben wir wie auf einer Bergwanderung das Ziel aus den Augen verloren, haben uns verlaufen, sind abgerutscht und sind – vielleicht verletzt und hilflos – in der Schlucht gefangen.

Vor einigen Monaten ist eine Erzieherin einem dreijährigen Kind, das auf einer Wanderung in einen zehn Meter tiefen Bergwerksschacht gefallen war, hinterher gesprungen. Das Wasser stand ihr bis zur Brust. Über eine Stunde hat sie das Kind über Wasser gehalten, damit es nicht ertrinkt, bis von oben die Seile der Rettungsleute heruntergeworfen wurden, und sie das Kind heraufholen konnten.

So ähnlich ist das mit der Sünde: Jesus kommt "von oben" nach "unten", um mich heraus zu holen aus dem Loch und die Verbindung wieder her zu stellen. Dem Kind hätten gute Rufe von oben nicht genützt. „Halte durch, wir holen Hilfe!" Oder: „Du schaffst das schon." Ein Kind, das in ein Loch gefallen ist, hat grosse Angst. Gott kommt in Jesus Christus herab und nimmt mich in die Arme, damit ich nicht untergehe.

Wir werden in der Sünde umkommen, wenn wir nicht Gott herabkommen lassen. Das heisst: Wir bleiben im Tiefsten allein, wenn wir Gott nicht an uns heran lassen und in uns hinein lassen, wo er im Grunde immer schon ist. Er ist ein Gott, der herunter kommt, der den Menschen nahe ist. Wir sind von oben getragene Menschen.

Von oben kommen andere Werte und Massstäbe, als wir uns von unten gewohnt sind, als von unten durchgesetzt werden. Jesus hat Kranke berührt und ihnen ihre Taubheit und Stummheit genommen; er hat den Mund aufgemacht; Tische im Tempel umgestossen, um Gott Raum zu geben in seinem Haus; er hat die Ungerechtigkeit am eigenen Leib gespürt; er hat Ausgegrenzte hinein genommen in seine Gemeinschaft; er hat sich belehren lassen von einer Frau, der er zunächst seine Hilfe verweigert hat. Er hat den Verurteilten wie zum Beispiel der Ehebrecherin Barmherzigkeit entgegegenbracht; er hat Täter verändert wie den Zöllner Levi, der sein ergaunertes Geld zurück gab; er hat Andersgläubige zum Vorbild für die Nächstenliebe genommen wie in der Geschichte vom barmherzigen Samariter.

Er hat die Liebe Gottes von oben her, die ewige väterliche und mütterliche Liebe gelebt. In diese obere, höhere Welt, in diese Verbundenheit mit Gott und allem, was ist, will Jesus auch uns hinein holen. Wer Kranken beisteht oder sich Ausgegrenzten zuwendet, Menschen barmherzig begegnet, Tätern hilft, sich zu ändern, Leidenden nahe ist, den Mund aufmacht, wo zu Unrecht geschwiegen wird – in dem ist die höhere Welt, ist Gott lebendig.

Jesus sagt: *Ihr seid von unten, ich bin von oben. Ihr seid von dieser Welt, ich bin nicht von dieser Welt.* Wenn wir das ganz ernst nehmen, tut sich hier ein Weg auf, weiter zu kommen als dazu, Ungerechtigkeit und ungerechte Zustände nur zu ertragen und zu erleiden. Christus ist nicht von dieser Welt! Wir Christinnen und Christen tragen seinen Namen - also sind wir auch nicht von dieser Welt! Er ist von oben, Gott ist sein Vater! Wir sind seine Geschwister - also sind auch wir von oben und dürfen nicht im Unten aufgehen und uns nicht einfach anpassen und voll in dieser Welt einrichten. Und wir können uns auch nicht zufrieden geben mit dieser Welt, so lange sie nicht den Massstäben entspricht, die Jesus Christus von oben her gesetzt hat. Also: Wenn die Schere beim Einkommen zwischen arm und reich immer weiter aufgeht, dann werden wir darüber nicht schweigen. Wenn die Migrantenfamilie getrennt wird, nur um einem gnadenlosen Gesetz zu genügen, dann werden wir nicht schweigen.

Steve Jobs, der Begründer des Apple-Computers und Erfinder des iPhones und iPads hat fünf Jahre vor seinem Tod im Jahr 2011, eine sehr eindrückliche Rede vor Studenten in Stanford gehalten. Er wusste bereits um seine Krebserkrankung und hatte sich damit abgefunden zu sterben. Er sagte: „Der Gedanke, dass ich bald tot sein werde, ist die wichtigste Entscheidungshilfe für die grossen Fragen des Lebens. Weil fast alles – alle äusseren Erwartungen, aller Stolz, alle Versagensangst – im Angesicht des Todes bedeutungslos wird, bleibt nur das wirklich Bedeutsame übrig." Und dann rät er den Studenten: „Ihre Zeit ist begrenzt, also vergeuden Sie sie nicht, indem Sie ein fremdbestimmtes Leben führen. Hüten Sie sich vor Dogmen, denn das heisst nichts anderes, als sein Leben an den Ansichten anderer Leute auszurichten. Sehen Sie zu, dass der Lärm fremder Meinungen nicht Ihre innere Stimme übertönt. Und

vor allem: Haben Sie den Mut, Ihrem Herzen und Ihrer Intuition zu folgen." (zitiert nach: Walter Isaacson: Steve Jobs, München 2011, und Internet)
Ja, haben wir den Mut, der Stimme der höheren Welt zu folgen! Amen.

Was die Kirche im Innersten zusammenhält
Predigt zu Johannes 15,9-17

Wie mich der Vater geliebt hat, so habe ich euch geliebt. Bleibt in meiner Liebe! Wenn ihr meine Gebote haltet, werdet ihr in meiner Liebe bleiben, so wie ich die Gebote meines Vaters gehalten habe und in seiner Liebe bleibe. Das habe ich euch gesagt, damit meine Freude in euch sei und eure Freude vollkommen werde. Das ist mein Gebot: Dass ihr einander liebt, wie ich euch geliebt habe.
Niemand hat grössere Liebe als wer sein Leben einsetzt für seine Freunde. Ihr seid meine Freunde, wenn ihr tut, was ich euch gebiete. Ich nenne euch nicht mehr Knechte, denn der Knecht weiss nicht, was sein Herr tut. Euch aber habe ich Freunde genannt, weil ich euch alles kundgetan habe, was ich von meinem Vater gehört habe. Nicht ihr habt mich erwählt, sondern ich habe euch erwählt und dazu bestimmt, dass ihr euch aufmacht und Frucht bringt und dass eure Frucht bleibt, damit euch der Vater gibt, worum ihr ihn in meinem Namen bittet. Dies gebiete ich euch: dass ihr einander liebt.

Die britische Wissenschaftsjournalistin Lynne McTaggart schreibt in ihrem Buch "The Bond" über die neuesten wissenschaftlichen Forschungen und Entdeckungen und deren bahnbrechende Bedeutung. Im Blick auf unsere jüngere Vergangenheit und die Gegenwart sagt sie zusammenfassend, dass "unser Weltbild seit mehr als dreihundert Jahren durch eine Geschichte geprägt wurde, die beschreibt, wie isolierte Wesen auf einem einsamen Planeten in einem gleichgültigen Universum ums Überleben konkurrieren. Die moderne Wissenschaft definiert das Leben im Kern als rücksichtslos, egoistisch und einsam." (S. 27) In der Folge beschreibt sie die Konkurrenz als den treibenden Motor der Ökonomie, so dass die Kinder ermutigt werden, mit ihren Altersgenossen zu konkurrieren und sie zu übertrumpfen. "Dieser individualistische Zeitgeist, der dem Sieger das Recht auf alles gibt, trägt die Schuld an vielen Krisen in unserer heutigen Gesellschaft, allen voran die Exzesse auf den Finanzmärkten." (S.28) Dabei zeigt sie dann, dass die neuen Erkenntnisse der Neurologie, der Biologie und der Physik den Schluss nah lege, "dass alle unsere gesellschaftlichen Einrichtungen, die so wettbewerbsorientiert und von der Vorherrschaft des Individuums geprägt sind, dem Kern unseres Wesens völlig zuwiderlaufen - dass ein Drang nach Kooperation und Partnerschaft, nicht nach Dominanz, die Grundlage der Physik des Lebens und der Biologie aller Lebewesen ist." (S.32)

Eine Legende erzählt von einem jungen König, der nach dem Tode seines Vaters die Regentschaft über sein Königreich übernahm. Weil er das Land gut regieren wollte und ausserdem sehr wissbegierig war, bat der junge König die Weisen seines Landes: „Tragt alles Wissenswerte über das Leben zusammen."

Die Gelehrten machten sich fleissig an die Arbeit und fassten am Ende das Wichtigste in einem einzigen Satz zusammen und sagten: „Die Menschen leben, suchen das Glück, leiden und sterben; und was wichtig ist und überlebt, ist die Liebe, die empfangen und geschenkt wird."

Was bleibt von dem, was wir uns einmal alles erträumt und erarbeitet haben? Was bleibt, wenn wir überhaupt einmal aus diesem Leben scheiden müssen? Eben: Die Liebe, die wir empfangen und geschenkt haben.

Die Liebe ist das Wichtigste und Beständigste. Darum geht es auch im Predigttext. Damals, als er wusste, dass er bald einen gewaltsamen Tod sterben würde, trat Jesus bei seinem Abschied vor seine Jünger und sagte zu ihnen: "Wenn ich bald weggehe, dann lasse ich euch nicht allein. Ich gehe zu Gott, meinem himmlischen Vater in die unsichtbare Welt. Ihr könnt mich dann zwar nicht mehr sehen, aber ich bin euch trotzdem immer und überall ganz nahe. Nie bin ich von euch weiter entfernt als ein Gebet. Ich liebe euch. Komme, was wolle, euch kann nichts und niemand mehr etwas anhaben, denn ich gebe mein Leben für euch. Ihr seid meine Freunde und Freundinnen. Ich will, dass euer Leben mit Freude erfüllt sein kann - und dass eure Freude ausstrahlt auf andere. Wenn ihr mit mir verbunden bleibt, wird euer ganzes Leben gesegnet sein und ihr könnt etwas Bleibendes bewirken in der Welt."

Jesus weiss, was die Welt im Innersten zusammen hält. Das, was uns Menschen hält, ist Gottes Liebe.

Das ist das Evangelium, die frohe Botschaft: Gott liebt mich! Ich bin gewollt, geschaffen und getragen von einer ewigen Liebe. Mein Schöpfer gibt mir die Liebe, Aufmerksamkeit und Anerkennung, die ich zum Leben brauche. Für Gott bin ich wichtig und unendlich wertvoll, auch wenn ich erschöpft, müde oder krank bin.

Das befreit mich von aller Angst vor Menschen. Und Gott muss ich nichts vormachen oder vorspielen. Er kennt mich ja durch und durch mit all meinen Stärken und Schwächen. Ich brauche auch keine Angst vor Überforderung zu haben. Gott bürdet mir keine Lasten auf, die ich nicht tragen kann.

Wir selber neigen ja schnell dazu, unsere Mitmenschen nur danach zu beurteilen, ob sie ihre Arbeit gut machen und im Alltag gut funktionieren. Für Gott ist es nicht das Wichtigste, ob ich in meinem Leben viel geleistet habe. Für ihn zählt in erster Linie, was Jesus mit seiner Liebe für mich getan hat: Dass er für mich gestorben ist und ich darum vor Gott keine Schuld mehr abtragen muss. Ich muss mich also nicht totarbeiten, um es möglichst allen Recht zu machen. Das gibt Gelassenheit und lässt mich aufatmen - gerade auch bei der Arbeit - und vor allem auch in der Kirche.

Ich denke da an einen Pfarrer, von dem ich gehört habe. Er war in einer Gemeinde 40 Jahre im Dienst und hat in diesen Jahren viele Höhen und Tiefen durchschritten. Aber seine Fröhlichkeit hatte er dabei nicht verloren. Mit einem Augenzwinkern sagte er einmal: „In der Gemeinde war ich immer beliebt. – Ja, die einen freuten sich, wenn ich kam, und die anderen, die freuten sich, wenn ich wieder ging."

Wenn wir zuerst auf die Liebe von Jesus schauen, dann müssen wir das Leben nicht zu schwer nehmen und können auch über uns selbst lachen. Denn wir haben gut Lachen. Die wichtigste Sache der Welt, dass Gott uns bedingungslos liebt - egal, was passiert -, das hat ewig unerschütterlich Bestand.

Jesus hat die Jünger ja erwählt nicht weil sie eine Vorleistung erbracht hätten. Er hat sie gerufen. Und er hält an ihnen fest, selbst wenn sie schwach werden und ihn verleugnen wie Petrus oder zweifeln wie Thomas. Seine Liebe lässt niemanden fallen.

Und er verspricht seinen Jüngern, seinen Freundinnen und Freunden, denen, die ihm nachfolgen und ein Leben lang von ihm lernen wollen: Wenn ich jetzt dann weggehe in die andere Welt, dann werde ich doch bei euch bleiben, ja in euch. Das ist ein mystisches Wort. Und es ist mehr als ein blosses Trostwort wie: Ihr werdet mich im Herzen tragen und euch an mich erinnern. Nein, es ist verbunden mit einer ungeheuren Zusage: Wenn ihr den Vater um etwas bittet in meinem Namen, dann wird es Erhörung finden.

Ja, es ist eine mystische Vorstellung: Christus in uns und wir in ihm. Untrennbar aufs Engste verbunden für immer. Himmel und Erde sind verbunden in Christus – und im Leben der Glaubenden. Himmel und Erde verbunden, nicht in einem Gefühl, in einer punktuellen Erfahrung, sondern im täglichen Leben und Handeln.

Durch die Verbindung mit Christus wird ein Christ, eine Christin, jemand, in dem Christus lebt und der in Christus lebt, seinem Herrn und Freund immer ähnlicher. Das zeigt sich in der Haltung - der inneren und der äusseren - also auch der Arme und der Hände. Wir wissen ja, dass unser Körper spricht. Und er erzählt vieles von uns. Christus ähnlicher werden, zeigt sich – wir können das im übertragenen Sinn verstehen, aber auch ganz wörtlich – in der Haltung. Denn Liebe ist nicht nur ein Tun, sondern auch eine Haltung. Die Hände in den Hosentaschen vergraben, die Hände ängstlich an den eigenen Körper gepresst, die Arme verschränkt – kennen Sie Bilder, auf denen Jesus so dargestellt ist?

Nein, wo immer wir Jesus auf Bildern begegnen, hat er die Hände ausgestreckt – als Gekreuzigter, als Segnender, als Heilender, als Einladender. Ausgestreckte Arme und offene Hände, Augen, die uns anschauen, das ist das Bild der Liebe, das Bild für das offene Herz. Wer so durchs Leben geht, der hat keine Angst, der muss sich nicht schützen, der weiss sich gehalten und geborgen und sicher. Wer sich öffnen kann für andere, der weiss sich geliebt. Denn wer sich geliebt weiss, der kann sich öffnen für andere.

Wir sind eingeladen, offene Menschen zu werden. Denn Gott hat uns zuerst geliebt, Jesus hat uns erwählt und berufen und erlöst und gesandt. Damit wir Frucht bringen in einer Welt, in der so viele Liebesmühe scheinbar vergeblich ist. Damit wir die Liebe Gottes weiter geben an Menschen, ohne Vorbedingung. Damit wir so der Liebe Gottes weiter helfen, dass sie sichtbar und spürbar wird unter uns. Damit die Gemeinde der Jüngerinnen und Jünger, derer, die von Jesus leben lernen wollen, erkennbar bleibt und erkannt wird an der Liebe. Denn die Liebe ist von Gott: Mensch geworden in Jesus von Nazareth. Und ohne Liebe ist alles leer und sinnlos.

Laotse sagte:
Pflichtbewusstsein ohne Liebe macht verdriesslich.
Verantwortung ohne Liebe macht rücksichtslos.
Gerechtigkeit ohne Liebe macht hart.
Wahrhaftigkeit ohne Liebe macht kritiksüchtig.
Klugheit ohne Liebe macht betrügerisch.
Freundlichkeit ohne Liebe macht heuchlerisch.
Ordnung ohne Liebe macht kleinlich.
Sachkenntnis ohne Liebe macht rechthaberisch.
Macht ohne Liebe macht grausam.
Ehre ohne Liebe macht hochmütig.
Besitz ohne Liebe macht geizig.
Glaube ohne Liebe macht fanatisch.

Ein Leben ohne Liebe hat keinen Sinn - weder für uns noch für andere. Doch ein Leben in Liebe macht Freude und hat Ewigkeitswert. Amen.

Gott sagt Ja zu dir - Predigt zu 2.Korinther 1,18-22

Bei der Treue Gottes, unser Wort an euch ist nicht Ja und Nein zugleich! Der Sohn Gottes, Jesus Christus, der durch uns bei euch verkündigt worden ist - durch mich und Silvanus und Timotheus -, war nicht Ja und Nein, sondern in ihm ist das Ja Wirklichkeit geworden. Denn was immer Gott verheissen hat - in ihm ist das Ja und so auch durch ihn das Amen, damit Gott verherrlicht werde durch uns. Der Gott aber, der uns und euch Festigkeit gibt auf Christus hin und uns gesalbt hat, er ist es auch, der uns sein Siegel aufgedrückt und uns den Geist als ersten Anteil in unsere Herzen gegeben hat.   *2. Korinther 1,18-22*

Bis zu seinem 18. Lebensjahr hört ein Kind etwa 150 000-mal das Wort „nein" oder erfährt, was es nicht tun darf. "Nein, was machst du da schon wieder!" "Du hörst mir nie zu!" Das Verhältnis von Lob und Kritik liegt im Durchschnitt bei 1:12. Das heisst, dass ein Kind im Durchschnitt für jedes Lob, das es von seinen Eltern erhält, zwölf Mal kritisiert wird. Daran wird deutlich: Wir konzentrieren uns eher auf negative Ereignisse statt auf Erfolge. Kein Wunder also, dass unsere Gedanken als Erwachsene zu 75 Prozent negativ sind.

Noch schlimmer sind die Negativbotschaften, die die Person selbst betreffen, die die Daseinsberechtigung des Kindes oder seinen Wert in Frage stellen: "Aus dir wird nie etwas!" Die wichtigste Erlaubnis, die ein Kind zu seiner Entwicklung braucht, ist die, überhaupt leben zu dürfen. Das Kind muss spüren, dass es ein Wunschkind ist oder geworden ist. Wenn ihm beim Eintritt in das Leben gleich bedeutet wird: „Du wärst besser nicht gekommen!" oder es bekommt später zu fühlen, "Du wärst am besten gar nicht da!", dann nimmt es das auf als Bann-Botschaft: „Sei nicht!, weil... ...dann hätte ich (Mutter oder Vater) mein Studium beenden können! ...dann hätte ich meine Karriere nicht aufgeben müssen! ...dann hätte ich nicht einen Mann/eine Frau heiraten müssen, den/die ich nicht liebe!" Diese Bannbotschaft wird selten in Worten direkt an das Kind gerichtet, sondern eher mit nonverbalen Signalen gesendet.

Viele Menschen haben das tiefe Gefühl: „Eigentlich habe ich gar kein Recht, hier (auf der Welt) zu sein!" Wenn dieser Satz einer tiefen Überzeugung gleichkommt, dann richten Menschen ihr ganzes Leben darauf aus: Sie glauben, dass sie ihre Existenz andauernd rechtfertigen müssen, z.B. durch überaus viel Aktionismus. „Ich habe nur dann ein Recht zu leben, wenn ich Tag und Nacht - bis zum Umfallen - arbeite, wenn ich immer zu allen nett bin, ihre Erwartungen erfülle, nie nein sage, mir alles gefallen lasse." Menschen können dann so sich selbst und das Leben nicht annehmen. Sie haben in sich ein tiefes Nein zum Leben.

Dieses Nein kann auch in Form falscher Bescheidenheit auftreten. „Nimm dich nicht so wichtig!" heisst dann die Botschaft, die man als Wahrheit verinnerlich. Um eine Persönlichkeit zu entwickeln, braucht jeder Mensch ein Bewusstsein über den eigenen Wert. Wo sich dieses Bewusstsein ungestört entfalten kann, findet der Mensch von selbst Wege, um sein Selbstbewusstsein angemessen auszudrücken. Diese innere Sicherheit geht auch Hand in Hand mit der Bereitschaft, den Wert anderer anzuerkennen. Wenn jedoch das Selbstwertgefühl der Eltern gestört ist, wird es ihnen schwerfallen, Leistungen und auch Eigenarten ihrer Kinder zu respektieren und auf sie einzugehen. Das zeigt sich dann in Äusserungen wie: „Stör mich nicht immer!" „Lass mich in Frieden!" „Was willst DU denn schon wieder!" „Merk Dir ein für allemal: auf Dich kommt´s hier nicht an!"

Das Nein zum Leben und zur Person kann auch in Form der Botschaft kommen: „Du schaffst es nicht!" "Du wirst keinen Erfolg haben."

Der Vater spielt mit seinem halbwüchsigen Sohn Schach. Diese nette Sonntagvormittagsszene geht solange gut, bis der Sohn zum dritten Mal seinen Vater matt gesetzt hat. Der Vater sagt nichts dazu, aber das war sein letztes Schachspiel mit seinem Sohn.

Feedback und Anerkennung für die eigenen Leistungen braucht jeder Mensch. Werden sie ihm entzogen und auch noch gerade dann, wenn er Erfolg hatte, kann er bei sich entschliessen; „Ich könnte schon, aber es ist besser, wenn ich nicht zu gut bin oder kurz vorher abbreche. Sonst werden andere neidisch." Der Mensch entwickelt dann vielleicht die Tendenz, kurz vor dem entscheidenden Examen plötzlich krank zu werden, vor der endgültigen Beförderung noch schnell einen wichtigen Auftrag „in den Sand zu setzen", seine eigene Karriere immer kurz vor dem Durchbruch selbst zu sabotieren, um ja nicht besser zu sein als sein Vater oder seine Mutter.

Ähnlich kann das Kind die Botschaft „Habe keinen Erfolg!" durchhören, wenn all seine Leistungen, auf die es besonders stolz ist - ein gutes Zeugnis, eine bestandene Prüfung im Sport oder in der Schule - als Selbstverständlichkeit hingestellt wird und deshalb kaum Beachtung findet: "Von dir habe ich nichts anderes erwartet!"

Wie ganz anders tönt da die Botschaft Gottes in Jesus Christus, die er tief in unser Herz senken möchte, dieses ewige bedingungslose Ja. *"In ihm ist das Ja Wirklichkeit geworden."* Gott hat zu Jesus Ja gesagt und in ihm zu uns.

Wir hören dieses Ja Gottes an Weihnachten: "Ehre sei Gott in der Höhe und Friede auf Erden unter den Menschen seines Wohlgefallens."

Wir hören das Ja Gottes in der Taufe von Jesus - und damit in unserer Taufe: "Es geschah aber, als das ganze Volk sich taufen liess und auch Jesus getauft wurde und betete, dass der Himmel sich auftat und der heilige Geist in Gestalt einer Taube auf ihn herabschwebte und eine Stimme aus dem Himmel kam: Du bist mein geliebter Sohn, an dir habe ich Wohlgefallen."

Das ist Weihnachten, das bedeutet die Taufe: der Himmel ist offen über uns und für uns, und die ewige Stimme Gottes kommt zu uns gegen alle Stimmen der Welt und über allen Stimmen und Botschaften der Welt: "Du bist mein geliebtes Kind. An dir habe ich Wohlgefallen. Ich schenke dir meine Licht-Herrlichkeit und meinen Frieden." "Ich liebe dich, Du gefällst mir. Ich sage Ja zu dir und nehme dich an. Darum kannst du auch dich selbst annehmen und dich selbst lieben und Ja sagen zu deinem Leben." Das ist der Geist Gottes in unseren Herzen, wenn wir diese Botschaft Gottes in unserem Herzen hören und annehmen.

Darum geht es, dass wir dieses grosse JA Gottes in unseren Herzen hören und spüren. Marianne Williamson schreibt in ihrem Buch "Rückkehr zur Liebe": "Für jeden von uns existiert ein Plan, und jeder von uns ist kostbar. Wenn wir unser Herz öffnen, werden wir in die Richtung bewegt, in die wir gehen sollen. Unsere inneren Gaben blühen auf und erweitern sich von selbst. Wir erreichen die Dinge mühelos. Wir müssen das tun, was als ein tiefes psychisches und emotionales Gebot in uns existiert. Das ist unser Ort der Macht, die Quelle unserer Brillanz. Unsere Macht liegt in der Klarheit darüber, warum wir hier auf Erden sind. In den kommenden Jahren werden die wichtigen Spieler die Menschen sein, die den Grund für ihre Existenz hier auf Erden darin sehen, dass sie zur Heilung der Welt beitragen."

"Die Liebe ist das, womit wir geboren sind. Die Angst ist das, was wir hier gelernt haben. Die spirituelle Reise bedeutet das Aufgeben oder Verlernen der Angst und das Wiederannehmen der Liebe in unserem Herzen. Liebe ist eine essentielle, existentielle Tatsache. Sie ist unsere tiefste Wirklichkeit und unser Sinn auf Erden. Sich ihr bewusst gewahr zu werden, das ist die Bedeutung des Lebens."

"Unsere Aufgabe besteht nur darin, uns mit Herz und Geist so sehr mit Seinem reinen Geist in uns in Übereinstimmung zu bringen, dass unser Leben zum unwillkürlichen Instrument Seines Willens wird. Dann kommt es zu Einsichten. Situationen verändern sich. Glück ist ein Zeichen dafür, dass wir Gottes Wille akzeptiert haben."

Schliessen möchte ich mit dem Gedicht von Marianne Williamson, das Nelson Mandel bei seinem Amtsantritt als erster schwarzer Präsident Südafrikas zitiert hat:

Unsere tiefste Angst ist nicht, ungenügend zu sein.
Unsere tiefste Angst ist, dass wir über alle Massen kraftvoll sind.
Es ist unser Licht, nicht unsere Dunkelheit, was wir am meisten fürchten,
Wir fragen uns, wer bin ich denn, um von mir zu glauben,
dass ich brillant, großartig, begabt und einzigartig bin?
Aber genau darum geht es, warum solltest Du es nicht sein? Du bist ein Kind Gottes.
Dich klein zu machen nützt der Welt nicht.
Es zeugt nicht von Erleuchtung, sich zurückzunehmen,
nur damit sich andere Menschen um dich herum nicht verunsichert fühlen.
Wir alle sind aufgefordert, wie die Kinder zu strahlen. Wir wurden geboren,
um die Herrlichkeit Gottes, die in uns liegt, auf die Welt zu bringen.
Sie ist nicht in einigen von uns, sie ist in jedem.

Und indem wir unser eigenes Licht scheinen lassen,
geben wir anderen Menschen unbewusst die Erlaubnis, das Gleiche zu tun.
Wenn wir von unserer eigenen Angst befreit sind,
befreit unser Dasein automatisch die anderen.

Segen - Gebet um Schutz

Das Licht Gottes umgibt uns
Die Liebe Gottes umarmt uns
Die Macht Gottes beschützt uns
Die Gegenwart Gottes wacht über uns

Das weite Herz - Predigt zu 2. Korinther 6,1-11

Als Mitarbeiter aber ermahnen wir euch auch: Empfangt die Gnade Gottes nicht vergeblich! Denn es heisst: Zu willkommener Zeit habe ich dich erhört, und am Tage der Rettung habe ich dir geholfen. Jetzt ist sie da, die ersehnte Zeit, jetzt ist er da, der Tag der Rettung.
Mit nichts wollen wir Anstoss erregen, damit der Dienst nicht in Verruf komme; vielmehr stellen wir uns ganz und gar als Gottes Diener zur Verfügung: mit grosser Ausdauer, in Bedrängnis, in Not und in Ängsten; unter Schlägen, im Gefängnis, in unruhigen Zeiten, in Mühsal, in durchwachten Nächten und beim Fasten; in Reinheit, in Erkenntnis, in Geduld, in Güte, im heiligen Geist, in ungeheuchelter Liebe, im Wort der Wahrheit und in der Kraft Gottes; mit den Waffen der Gerechtigkeit in der Rechten und in der Linken, ob wir anerkannt oder abgelehnt, verleumdet oder gelobt werden! Wie Verführer sind wir, und doch wahrhaftig, wie Unbekannte, und doch wohlbekannt, wie Sterbende, und seht: wir leben, wie Gezüchtigte, und doch nicht dem Tod geweiht, wie Trauernde, doch stets voller Freude, wie Bettler, die dennoch viele reich machen, wie Besitzlose, die alles besitzen.

Unser Mund hat sich aufgetan vor euch, ihr Leute aus Korinth, unser Herz ist weit geworden.   *2. Korinther 6,1-11*

"Der ehrliche religiöse Denker ist wie ein Seiltänzer. Er geht, dem Anschein nach, beinahe nur auf Luft. Sein Boden ist der schmalste, der sich denken lässt. Und doch lässt sich auf ihm wirklich gehen." Das hat der österreichische Philosoph Ludwig Wittgenstein gesagt. Diesen Seiltanz beschreibt Paulus, und zwar nicht bloss als denkerischen Seiltanz, sondern als existentiellen Seiltanz des Lebens, wo er auf der einen Seite abstürzen könnte in Verbitterung und Menschenhass, Resignation und Selbstmitleid oder gar Verzweiflung und auf der anderen Seite in Stolz, Überheblichkeit und Arroganz. Ich meine, auf der einen Seite Ablehnung, Verleumdung, Bedrängnis, Not, Ängste, Schläge, Gefängnis, auf der anderen Seite Anerkennung, Ausdauer, Kraft, Erkenntnis, Reinheit, Geduld, Güte, Liebe. Da könnte einem schon schwindlig werden. Aber Paulus bleibt bei allem Widerstand und allem Schweren wie auch bei allem Erfolg und allem Lob auf dem Seil, auf dem Seil der Gnade!

Wie konnte Paulus auf dem Seil bleiben? Indem er das Herz weit auftat. Das weite Herz ist das Geheimnis für den grossen, schwierigen Seiltanz des Lebens. Jeremias Gotthelf hat diesen Seiltanz treffend so umschrieben:

"Schwer ist es, die rechte Mitte zu treffen: das Herz zu härten für das Leben, es weich zu halten für das Lieben."

Das weiche, das offene, das weite Herz der Liebe ist das, wozu wir geboren sind. Das Leben kann uns dazu führen, dass wir unser Herz durch Verletzungen und Angst verhärten.

Jean Vanier, der Gründer der internationalen ökumenischen Organisation Arche, welche Gemeinschaften gründet, in denen Menschen mit und ohne geistige Behinderung in christlicher Weise zusammenleben, erzählt von einer Begegnung im Hochsicherheitsgefängnis in Kingston in Ontario, Kanada.

"Ich erzählte dort den Häftlingen von den Menschen, die wir in die Arche aufgenommen hatten, von ihrem Leiden, ihrem Gefühl, gescheitert zu sein, abgelehnt zu werden; von ihrer Niedergeschlagenheit und zuweilen ihrer Selbstverstümmelung. Ich sprach von ihrer zerbrochenen Kindheit.

Am Schluss meines Vortrags stand einer der Häftlinge auf und schrie mir zu: »Du hast ein leichtes Leben gehabt! Als ich vier war, musste ich mit ansehen, wie meine Mutter vor meinen Augen vergewaltigt wurde! Als ich sieben war, verkaufte mich mein Vater zum Sex. Als ich dreizehn war, kamen die ›Männer in Blau‹ [Polizisten], um mich zu holen. Wenn irgendjemand in dieses Gefängnis hier kommt und von Liebe daherredet, schlage ich ihm seinen verdammten Schädel ein!« Ich hörte ihm zu, ohne zu wissen, was ich sagen oder tun sollte. Ich betete und dann erwiderte ich: »Es stimmt, was du sagst. Ich habe ein leichtes Leben gehabt! Es stimmt, ich habe keine Ahnung von dem, was du durchgemacht hast. Aber was ich weiss, ist, dass alles, was du gesagt hast, wichtig ist. Die Leute ausserhalb dieses Gefängnisses richten oft über euch, ohne zu wissen, was ihr alles mitgemacht habt; sie kennen eure Geschichte nicht, eure Kindheitserfahrungen. Darf ich den Leuten draussen erzählen, was du mir heute gesagt hast?« Er sagte: »Ja.« Als die Zeit zum Fragenstellen abgelaufen war, ging ich zu diesem Mann hin und schüttelte ihm die Hand. Ich fragte ihn, wie er heisse und woher er komme. Dann kam mir die Inspiration, ihn zu fragen, ob er verheiratet sei, und als er das bejahte, bat ich ihn, mir von seiner Frau zu erzählen. Der Mann, der derart gewalttätig gewesen war und so gewirkt hatte, als trage er einen ungeheuren Hass in sich, brach in Tränen aus. Er erzählte mir von seiner Frau, die in Montreal lebe, im Rollstuhl. Er habe sie schon zwei Jahre lang nicht mehr gesehen! Ich stand vor einem verwundeten, verletzlichen kleinen Kind, das weinte und förmlich nach Liebe und Zärtlichkeit schrie. Mein Vortrag über unser Bedürfnis nach Liebe, Kommunion der Herzen und Güte – nach all dem, was ihm versagt geblieben war – hatte die tiefe Wunde in seinem Herzen wieder aufgerissen und er hatte das als unerträglich empfunden! Er lehrte mich etwas Wichtiges: Die Quelle unserer Tränen und Gewalttätigkeit liegt oft tief unterhalb aller Überheblichkeit und Selbstsucht. Tränen und Gewalttätigkeit können Wege sein, um uns vor dem Unerträglichen zu schützen, vor unserer eigenen Verwundbarkeit, vor unserer Angst vor dem Schmerz."

Darum geht es, dass unsere Herzen, auch wenn sie durch Erfahrungen verletzt, verschlossen und verhärtet worden sind, wieder aufgehen und weit werden - durch die Erfahrung von Liebe und Angenommensein, durch die Erfahrung der Liebe Gottes in der Begegnung mit Menschen, die einen einfach so annehmen und lieben, wie man ist - mit allen Brüchen, mit allem Scheitern, mit allem Versagen, mit allem Schmerz und aller Sehnsucht. Das wusste Paulus: Nur wenn ich mit einem offenen, weiten Herzen auf die Menschen zugehe, können sie ihr Herz auch öffnen. Sonst nützt alles fromme Reden nichts.

Inmitten aller Gewalttätigkeit und Korruptheit der Welt lädt uns Gott heute ein, Orte des Dazugehörens zu schaffen, Orte des Teilens, des Friedens und der Güte; Orte, an denen niemand sich zu verteidigen braucht; Orte, an denen alle ausnahmslos geliebt und akzeptiert werden, mit all ihrer Gebrechlichkeit und allen ihren Fähigkeiten und Behinderungen. Das ist die Vision für unsere Kirchen, die sich aus diesen Worten von Paulus ergibt: dass sie zu Orten des Dazugehörens werden, zu Orten des Teilens, dass sie Orte des Angenommenseins sind. Wir sehen, dass zuweilen in unseren Kirchen, unseren christlichen Gemeinschaften genau die gleichen Machtkämpfe vor sich gehen, sich die gleiche Geschichte voller Spaltungen und Konflikte abspielt, weil unsere Kirchen auch aus gebrochenen, verwundeten Menschen bestehen. Und wir müssen uns auch immer wieder deutlich dessen bewusst werden, wie viele verschiedene Wege es gibt, um Spaltung herbeizuführen. Wir müssen erkennen, dass wir manchmal das Bedürfnis haben, zu beweisen, dass wir besser sind als andere, und darum andere schlecht machen. Darum stehen wir vor der immer neuen Herausforderung, einander anzunehmen und zu tragen, statt einander abzulehnen und auszuschliessen. Wir alle müssen unablässig immer wieder zur wesentlichen Botschaft von Jesus zurückgeführt werden, zur Botschaft der Liebe und der Demut.

Ein weites Herz ist ein brennendes Herz. Ein Herz, das ausstrahlt, das sendet. Das ganz bei sich ist, zugleich bei denen, für die es brennt, und voll bei der Sache, um die es geht. Ein weites Herz ist ein verwundbares Herz. Es ist offen, liegt bloss, setzt sich aus.

Ein weites Herz will in Beziehung stehen, mit Menschen am selben Strang ziehen. Es sucht das verbindende Wir. Ein weites Herz kann viel tragen. Auch viel ertragen. Und Spuren davon tragen.

Das Herz kann nur weit werden, wenn seine Wunden und Verletzungen geheilt werden. Darum hat Jesus sich verwunden und töten lassen, dass wir durch die Kraft seiner Liebe denen vergeben können, die uns verwundet haben, und dadurch die Wunden verwandeln in Kraft. "Durch seine Wunden seid ihr geheilt," heisst es. In den durch Liebe und Vergebung geheilten Wunden liegt die grösste Kraft. Das ist das Geheimnis von Christus und die Kraft seiner Auferstehung. Das ist für mich die tiefste Erfahrung meines Lebens: Dass mir gerade durch die Verletzungen und ihre Heilung die grösste innere Kraft geschenkt worden ist. Das ist das Christus-Mysterium der Gnade, das Paulus erfahren und erkannt hat.

Darum kann der Apostel, dem es nach menschlichen Massstäben in vielem nicht gut geht, aufs Jammern verzichten und seine von Gott geschenkte Lebensfreude dagegen setzen. "Wie Sterbende, aber seht, wir leben. Uns ist schon Angst, aber wir verzagen nicht. Auch wenn wir weniger haben oder weniger können, darf gelten: Wir sind arm und können doch andere reich machen. Und wenn uns das Leben schwere Not zufügt, können wir dabei doch noch andere trösten, denen es auch nicht gut geht. Und wenn wir vor Gott erkennen, dass wir wieder einmal mit leeren Händen dastehen, als die, die nichts haben, dann gilt doch, dass wir alles haben, weil wir ihn haben, der uns mit seinen Händen hält. Darum ist immer gute Zeit. Ja, tatsächlich: *Jetzt ist sie da, die ersehnte Zeit, jetzt ist er da, der Tag der Rettung.*"

Dietrich Bonhoeffer schrieb einmal: "Es gibt in der ganzen Weltgeschichte immer nur eine wirklich bedeutsame Stunde – die Gegenwart. Wer aus der Gegenwart flieht, flieht den Stunden Gottes." Was die Gegenwart annehmen bedeuten kann, zeigt Etty Hillesum, die am 3. Juli 1942 im Konzentrationslager in ihr Tagebuch schrieb: "Das Leben und das Sterben, das Leid und die Freude, die Blasen an meinen wundgelaufenen Füssen und der Jasmin hinterm Haus, die Verfolgung, die zahllosen Grausamkeiten, all das ist in mir wie ein einziges Ganzes, und ich nehme alles als ein Ganzes hin."

So schliesse ich mit dem grossen weisen Wort von Meister Eckhart:
Die wichtigste Stunde ist immer die Gegenwart, der bedeutendste Mensch immer der, der dir gerade gegenübersteht, und das notwendigste Werk ist immer die Liebe.

In der Mitte des Kreuzes - Predigt zu 1. Korinther 1,22-24

Während die Juden Zeichen fordern und die Griechen Weisheit suchen, verkündigen wir Christus den Gekreuzigten - für die Juden ein Ärgernis, für die Heiden eine Torheit, für die aber, die berufen sind, Juden wie Griechen, Christus als Gottes Kraft und Gottes Weisheit.   *1. Korinther 1,22-24*

Ich habe mich zuerst schon gefragt, ob ich für die Predigt anlässlich meines 20-jährigen Dienstjubiläums in Albisrieden diesen Text für den heutigen Sonntag nehmen soll. Er ist nämlich, wie er selbst sagt, eine Provokation: Torheit und Ärgernis. Das Kreuz von Christus, das macht doch keinen Sinn! Ein Gekreuzigter will Gottes Sohn sein, das ist eine Zumutung! Und wenn man das alles dann erklären will, wird das nicht zu ernst für ein Jubiläum? Nun will ich also nicht alles erklären, was es zum Kreuz zu sagen gibt. Ich möchte drei Aspekte des Kreuzes bzw. des Gekreuzigten Christus beleuchten, die mit Worten von Christus am Kreuz zusammenhängen.

1. Das Kreuz bedeutet, dass wir Gott gerade da begegnen, wo wir am Ende sind.
Dafür steht das ungeheure Wort des Gekreuzigten: "Mein Gott, mein Gott, warum hast du mich verlassen?" Der Gott der Bibel ist bestimmt alles andere als ein Schönwettergott. Er ist der Gott, der da ist, auch wenn ich den Tod vor mir sehe, wenn ich Verrat und Unrecht, ja schlimmste Gewalt erleide, wenn ich von Freunden, von Menschen verlassen werde, wenn ich von Gott, von Gutem, von Sinn nichts mehr spüre. Christus ist der, der an diesen Punkt gegangen ist, der dort bei mir sein kann, der aus dem Ende einen neuen Anfang, aus dem Tod neues Leben schenken kann.

Von Therapeuten verraten und missbraucht zu werden, in der Ehe verlassen zu werden, die Diagnose Krebs vorgesetzt zu bekommen - das sind für mich solche Erfahrungen in den vergangenen 20 Jahren. Es ist, wie wenn dir der Boden unter den Füssen weggezogen wird. Und dann die Erfahrung: ich falle nicht ins Nichts. Du kannst nicht tiefer fallen als in Gottes Hand. Neue Kraft, neue Hoffnung, neues Licht, neue Wege, neue Menschen werden geschenkt. Gottes Geist, Gottes Wort schenkt neue Kraft. Schlimme Erfahrungen können sein wie ein Schlag, der etwas aufbricht, dass wir offen werden für eine völlig neue Dimension, für völlig neue Bereiche, der Welt und des Lebens.

Wir haben Krankheit zu etwas gemacht, das wie ein Schaden am Auto in die Reparaturwerkstätte muss. Dabei ist Krankheit ein Ruf der Seele, ein Ruf des Lebens, ein Anruf Gottes. Der Krebs wurde für mich wie für viele andere zum Wendepunkt im Leben, hinter den ich nicht zurück möchte.

Die heilige Teresa von Avila, die mir in letzter Zeit sehr nahe gekommen ist, die wurde so krank, dass sie in einen starrkrampfähnlichen Zustand verfiel und man sie nach vier Tagen schon lebendig begraben wollte. Man hatte schon Kerzen angezündet, als sie wieder erwachte. Aber sie blieb drei Jahre wie gelähmt - so zerrissen war sie zwischen verschiedenen Strebungen in ihrem Inneren. Sie erkannte, dass sie mit viel Geschwätz ihre Zeit vertan und ihre Talente völlig ungenutzt gelassen und damit ihre Bestimmung verfehlt hatte.

Die eigentliche Wende ihres Lebens aber geschah, als sie eines Tages in einer Kappelle ein Bild des Gekreuzigten sah und dabei so von Gefühlen überwältigt wurde, dass sie sich vor dem Bild niederwarf und Gott bat, er möge ihr die Kraft schenken, ihn nicht immer wieder neu zu beleidigen durch ihr Verhalten. Über die Wende in ihrem Leben schrieb sie: "Das vorher, das war mein eigenes Leben; das neue Leben aber ist das Leben Gottes in mir."

2. Das Kreuz ist die Kraft der Vergebung.

Dafür steht das grösste Vermächtnis von Jesus, das die Welt verwandelt: "Vater, vergib ihnen, denn sie wissen nicht, was sie tun." Und es hängt zusammen mit der zentralen Bitte des Unser Vaters, der einzigen, die Jesus mit einer Erklärung versehen hat: "Und vergib uns unsere Schuld, wie auch wir vergeben haben jenen, die an uns schuldig geworden sind... Denn wenn ihr den Menschen ihre Verfehlungen vergebt, dann wird euer himmlischer Vater auch euch vergeben. Wenn ihr aber den Menschen nicht vergebt, dann wird auch euer Vater eure Verfehlungen nicht vergeben." An der Vergebung hängt alles. Die Vergebung macht uns frei für Gott, frei für das Leben, frei für uns selbst. Es ist die entscheidende Frage, ob wir in unserem Leben, mit unserer Seele irgendwo in der Vergangenheit hängen bleiben und gebunden sind, vielleicht sogar an verschiedenen Stellen: wo unsere Eltern uns Liebe versagt oder uns verletzt haben, wo wir missbraucht worden sind oder Gewalt erfahren haben, wo jemand uns beleidigt oder gedemütigt hat, wo vielleicht ein Lehrer uns vor der Klasse bloss gestellt und beschämt hat. Es gibt so viele Stellen in unserem Leben, wo unser Geist an irgendwelchen Verletzungen hängt und unsere Energie gebunden ist. Und es ist ein so verfängliches Machtspiel, dass wir, weil wir selbst verletzt worden sind, andere verletzen, oder ständig von anderen Beachtung und Rücksichtnahme wegen unserer Wunden erwarten. Jeder Punkt, den wir nicht vergeben und gelöst haben, raubt uns einen Teil unserer Energie und unseres Lebens und steht zwischen Gott und uns. Wir können vergeben, weil wir selbst Vergebung von Gott brauchen.

Christus sagt: "Was ihr einem meiner geringsten Brüder und Schwestern getan habt, das habt ihr mir getan. Was ihr einem meiner geringsten Brüder und Schwestern nicht getan habt, das habt ihr mir nicht getan." Ich brauche Vergebung, denn ich kann doch niemals sagen, dass ich nie je einem Menschen etwas schuldig geblieben bin, dass ich immer jedem die mir mögliche Aufmerksamkeit und Liebe geschenkt habe, die ich selber erwartet hätte. Für mich ist das darum so wichtig, weil der Christus, der gekreuzigt worden ist, ja auch der ist, von dem es heisst: "Alles ist durch ihn und auf ihn hin geschaffen. Und alles hat in ihm seinen Bestand." Wenn alles in ihm seinen Bestand hat, dann betrifft ihn alles, was seinen Geschöpfen und seiner Schöpfung angetan wird. Christus leidet gerade jetzt an der blutenden Wunde der Erde im Golf von Mexico. Der gekreuzigte Christus ist das Wunder und die Gnade der göttlichen Vergebung. Beten wir um die Gnade zu vergeben und handeln wir aus dieser Gnade!

3. Das Kreuz bedeutet Hingabe an Gottes Willen.

Dafür steht das letzte Wort des sterbenden Jesus: "Vater, in deine Hände lege ich meinen Geist." Am Kreuz lehrt uns Christus, alles aus Gottes Hand anzunehmen, auch das, was wir nicht verstehen, auch das, was uns weh tut, in dem Wissen und Glauben, dass Gott durch alles am Teppich unseres Lebens webt und knüpft und dass bei allem Wirrwarr, das wir auf der Unterseite sehen, auf der Oberseite, die Gott sieht, ein wunderbares Bild nach seinem Plan entsteht.

Teresa von Avila wurde die Erkenntnis geschenkt: "Der höchste Grad der Vollkommenheit besteht offenbar nicht in innerlichen Tröstungen und erhabenen Verzückungen, auch nicht in Visionen und im Geist der Weissagung, sondern nur in einer solchen Gleichförmigkeit unseres Willens mit dem göttlichen Willen, dass wir alles, was wir als seinen Willen erkennen, mit unserem ganzen Willen umfassen, und dass wir das Bittere und Schmerzliche, wenn wir erkennen, dass Seine Majestät es will, ebenso freudig hinnehmen wie das Angenehme."

Caroline Myss berichtet von einem eindrücklichen Erlebnis einer wunderbaren Heilung. Sharon kämpfte mit Krebs in ihrem Rücken, der ihr ständigen, nicht nachlassenden Schmerz verursachte. Während einem Heilungs-Workshop realisierte sie an einem Sonntagmorgen, dass ihr Schmerz um die Hälfte zurückgegangen war. Das war für sie aussergewöhnlich. Am folgenden Dienstag war sie schmerzfrei. Darauf wollte sie ihren Arzt sehen. Er machte verschiedene Tests einschliesslich eines MRI ihres Rückens und fand, dass alle Zeichen von Krebs verschwunden waren. Was war geschehen? Sie schrieb: "Ich sagte das Gebet: 'Jetzt, Gott, überlasse ich das Ganze meines Lebens dir.' Ich fühlte mich, als ob ich in freien Fall fiele, als ob ich nichts mehr hätte. Ich fühlte mich, als ob ich keine Vergangenheit hätte und nichts zu verlieren. Ich hatte nur das Leben zu gewinnen. Ich schlief ein nach diesem Gebet, und als ich wieder aufwachte, war die Hälfte meines Schmerzes weg und die Heilung hatte begonnen."

Zum Schluss möchte ich Ihnen das Gebet von Teresa von Avila, das ich für mich mit auf meinen Weg genommen habe, auch mit auf den Weg geben. Es gibt davon das Lied "Nada te turbe" im Gesangbuch, bei dem aber der Text leider nicht vollständig ist.

Nichts verwirre dich.
Nichts erschrecke dich.
Alles geht vorüber.
Gott ändert sich nicht.
Die Geduld erreicht alles.
Wer sich an Gott hält, dem mangelt nichts.
Gott allein genügt.

Ich glaube, dieses Gebet hilft uns, Christus als Gottes Kraft und Gottes Weisheit zu erfahren, hilft uns auf dem Weg zum grossen Mysterium, von dem im Kolosserbrief auch die Rede ist: Christus in euch, die Hoffnung der Herrlichkeit. Christus, das Ebenbild des unsichtbaren Gottes, Christus, in dem alles geschaffen wurde und alles seinen Bestand hat, Christus, in dem Gott durch das Kreuz das All versöhnte und für alle Wesen auf der Erde und im Himmel Frieden schuf, dieser Christus ist auch in uns, wenn wir ihm im Glauben das Herz öffnen - für das grosse Mysterium: Alles in Christus - Christus in uns. Amen.

Angestrahlt vom ewigen Licht - Predigt zu Hebräer 1,1-6

Der heutige Predigttext erinnert in seiner dichterischen Sprache an alte Weihnachtslieder. Es ist ein Lobgesang aus dem Hebräerbrief, ein Hymnus voller Kraft und Poesie, der zurückgreift auf das, was den Vorfahren im Glauben gesagt, verheissen und verkündet wurde. Lassen wir diesen Hymnus in uns klingen, dieses Lied, das nicht ursprünglich ein Weihnachtslied war, und das doch das zum Ausdruck bringt, was Weihnachten bedeutet:

Nachdem Gott vor Zeiten vielfach und auf vielerlei Weise zu den Vätern geredet hatte durch die Propheten, hat er am Ende dieser Tage zu uns geredet durch den Sohn,
> *den er eingesetzt hat zum Erben aller Dinge*
> *und durch den er die Welten geschaffen hat.*
> *Er, der Abglanz seiner Herrlichkeit und Abbild seines Wesens ist,*
> *der das All trägt mit dem Wort seiner Macht,*
> *der Reinigung von den Sünden geschaffen hat,*
> *er hat sich zur Rechten der Majestät in den Höhen gesetzt,*
> *weit erhabener geworden als die Engel,*
> *wie er auch einen Namen geerbt hat, der den ihrigen weit überragt.*

Zu welchem Engel hat er denn je gesagt:
> *Mein Sohn bist du, heute habe ich dich gezeugt,*

und an anderer Stelle:
> *Ich werde ihm Vater sein, und er wird mir Sohn sein?*

Und für die Zeit, da er den Erstgeborenen wieder in die Welt hineinführt, sagt er:
> *Und beugen sollen ihre Knie vor ihm alle Engel Gottes.*

Dieser Hymnus klingt wie aus einer anderen Welt. Ja, er kommt wirklich aus einer anderen Welt. Und er gibt Antwort auf die tiefsten Fragen des Menschseins. Hat mein Leben einen Sinn, eine Bedeutung? Was ist der Sinn meines Lebens? Woher komme ich? Wohin gehe ich? Komme ich überhaupt irgendwoher und komme ich irgendwann an ein Ziel, nachhause? Bin ich verloren in der Unendlichkeit eines letztlich sinnlosen, gefühllosen, bewusstlosen Universums – ein zufälliger Splitter in einer riesigen Masse oder bin ich aufgehoben in und mit einem sinnvollen, zielgerichteten Kosmos – Teil eines grossen, zusammenhängenden Ganzen?

Und da gibt dieser Hymnus die Antwort, die das Innerste und das ganze Leben mit Staunen und Ehrfurcht, mit tiefer Freude und Ergriffenheit erfüllt: Diese Welt ist die Schöpfung eines bewussten Willens nach einem weisen, wunderbaren Plan, der am

Ende vollendet wird. Wir sind getragen von einem Ewigen, der uns geschaffen hat und der uns am Ende erwartet.

Gott, der Ewige, Unendliche, Unfassbare, den wir nie begreifen, sondern nur anrufen und anbeten können, hat nach einem Urplan und Urbild, das wir in einem Geheimnis empfangen können, alles geschaffen. Christus, der Gott und zugleich der von Gott Geliebte ist, der Mensch geworden ist, das Urgeheimnis der ewigen Liebe, die sich selbst verschenkt, ist der Plan der Schöpfung. Durch ihn ist alles geschaffen und er wird am Ende alles erben, alles aufnehmen und umfassen in seiner Liebe. Christus ist der Erbe über alles – es gibt nichts und niemanden, den er nicht als zu ihm gehörig sehen möchte. Das ruft uns der Hymnus zu.

Und weiter wird gesagt, dass er das All trägt mit dem Wort seiner Macht – mit seinem Geist, mit seinem Atem, der alles durchweht. Die ganze Welt ist getragen von einem bewussten Geist und Wort, durchweht von einem lebendigen Atem. In jedem Moment ist alles nur da, wirklich und lebendig allein durch sein Wort, das zugleich sein Atem und sein Geist ist. Jeder Atemzug, jeder Handgriff, jede Blume, jedes glänzende Kinderauge – alles kann nur sein getragen durch sein Wort. Wenn er seinen Atem zurückzieht, versinkt alles ins Nichts.

Dieser Hymnus bringt zugleich für mich die erstaunlich persönliche Botschaft in diesem eigentlich doch so unpersönlichen, weltumfassenden Text: dass ich selbst in dem Kind in der Krippe zum Kind Gottes werde, das unwiderruflich zu ihm gehört und das er durch Christus trägt. Ich bin angenommen, aufgehoben bei ihm. Ich habe meinen Platz und meine Aufgabe in dieser Welt. Durch Christus liegt auch auf uns der Abglanz der ewigen Herrlichkeit Gottes, Licht von seinem Licht. In Christus prägt auch uns das Abbild seines Wesens. Gott ist nicht allein, Gott hat ein Gegenüber. Und er macht uns zu seinem Gegenüber in Liebe. Geschaffen in seinem Bild, angestrahlt von seinem Licht, widerspiegeln wir seine Herrlichkeit und werden ihn am Ende schauen von Angesicht zu Angesicht. In Millionen Variationen hat Gott durch Christus kleine Abbilder von sich gemalt und in allen sieht er in Liebe sich selbst und zugleich seine Kinder, verschenkt an sie seine ganze Liebe und nimmt sie mit allem bei sich auf.

Aber nun geht durch diese Welt ein unendlich schmerzlicher Bruch. Wir erfahren Lieblosigkeit und werden verwundet. Wir machen uns selber schuldig durch Lieblosigkeit. Die wunderbare Christus-Harmonie, der Friede, der göttliche Schalom, die Balance des Kosmos wird gestört und wir stören sie auch. Wir haben all das Böse und all das Leiden in der Welt. Und wir können nicht alle Fragen beantworten. Wenn es keinen Gott und keinen Plan gibt, dann ist alles sinnlos. Und die Mörder und Diktatoren haben schlussendlich das bessere Los gezogen als ihre Opfer.

Wenn aber Christus das All trägt, dann geht diese Welt auf ihr grosses Ziel, auf ihre Vollendung zu und wir kommen auch an unser Ziel. Wir können zwar im Moment oft unseren Weg, unser Schicksal nicht verstehen. Aber wir glauben von der Christus-Tat und vom Christus-Mysterium von Kreuz und Auferstehung her, dass Gott zuletzt auch über alles Schlechte oder Böse triumphiert. Das Christus-Mysterium des Kreuzes und der Auferstehung ist, dass er die Wunden verwandeln kann in Kraft. Durch seine Wunden können auch unsere Wunden geheilt werden *durch* die Kraft der Liebe und Vergebung *zur* Kraft der Liebe und Vergebung. Wir haben sehr oft nicht die Wahl, unser Schicksal zu ändern. Aber wir haben die Wahl, wie wir damit umgehen. Das Verbrechen, der Unfall, die Krankheit trifft mich – je nachdem habe ich einen gewissen Anteil daran. Aber ob ich bitter werde oder ob ich mit Christus die Wunde und den Schmerz annehme und mich in seine Liebe hinein gebe, die mich trägt, - es sind ja die Hände des Gekreuzigten und Auferstandenen mit den ewigen Wundmalen, die mich tragen – ob ich das tue und so die Kraft seiner Liebe und Vergebung empfange, das ist meine Wahl und meine Entscheidung.

Ich kann Gott beschuldigen für mein Leiden oder sagen: wenn es dieses Leiden gibt, dann kann es keinen gerechten Gott geben – es wird nicht ein Leiden weniger dadurch, es wird nicht eine Frage beantwortet, es wird nicht eine Bitterkeit überwunden. Ich kann auch andere beschuldigen für vieles im Leben: in der Familie, am Arbeitsplatz, in der Nachbarschaft: ich das Opfer von dem, was andere tun. Ich bleibe so in meinen Wunden hängen und kann sie das Leben lang lecken und bitter grollen, wüten und auf Rache sinnen. Es hilft mir nichts – ich mache nur mich selber bitter und krank. Christus ist immer da und wartet auf mich: in den Wunden liegt die Heilung zu Liebe und Vergebung. Und realisieren wir es doch: wir erweisen nicht anderen, sondern uns selbst den grössten Dienst, wenn wir ihnen vergeben. Die anderen können vielleicht nicht einmal etwas damit anfangen, wenn wir ihnen vergeben – aber wir selber, wir werden auf jeden Fall durch Vergebung frei.

Wie schlimm ist doch die Bitterkeit – und wie gut tut die Liebe! Warum wählen Menschen dann überhaupt Bitterkeit, Groll und Wut? Weil es besser ist negative Gefühle zu haben als gar nichts zu spüren. So spüren sie sich wenigstens. Es gibt ja Menschen, die sogar sich selbst verletzen um sich zu spüren. Und in Wut und Rachsucht spürt man sogar noch Energie! Und weil man nichts Besseres kennt, bleibt man in der vertrauten bitteren Sosse sitzen. Nach dem Motto, das der Psychologe Watzlawick so formuliert hat: Lieber das bekannte Unglück als das unbekannte Glück. Es braucht Mut, aus diesen Mustern aufzubrechen und den Schmerz der Wunden anzunehmen. Aber der Mut lohnt sich. Wer erfahren hat, wie sehr Liebe und Vergebung Balsam für die Seele ist, wird immer wieder den Weg aus der bitteren Sosse suchen. Es gibt keine grössere Kraft auf der Welt als die der geheilten Wunden.

Ich möchte dazu ein Gedicht weitergeben aus dem Buch "Das getrorene Lächeln" von Iris Galey. Darin schreibt sie, der schon als zehnjähriges Mädchen von ihrem Vater sexuell Gewalt angetan wurde, mit über 70 über ihren wirklich langen Weg zur Heilung von Inzest und gibt zum Abschluss dieses Gedicht eines anonymen Verfassers weiter:

> Bevor Gott seine Kinder zur Erde schickt,
> gibt er jedem Kind
> ein sorgfältig ausgewähltes Päckchen mit Problemen mit.
> Diese, verspricht er leise und lächelt dabei, gehören nur dir alleine.
> Niemand ausser dir kann diesen Segen besitzen,
> den diese Probleme bringen.
> Und nur du hast die speziellen Talente und Fähigkeiten,
> die du brauchst, um diese Probleme zu deinen Dienern zu machen.
> Wisse, dass ich dich über alle Massen liebe.
> Diese Probleme, die ich dir auferlege, sind das Symbol für diese Liebe.

> Das Monument, welches du aus deinem Leben machst
> mit Hilfe deiner Probleme,
> wird zum Symbol deiner Liebe zu mir werden.

In Christus und seiner Menschwerdung hat sich Gott gezeigt in seiner Liebe. In Christus will uns Gott nicht gewaltsam vereinnahmen, sondern unsere Herzen gewinnen.

Aber wir kommen angesichts des Weltgeschehens und der Menschenschicksale auch immer wieder ins Wanken, ob sich denn Gott tatsächlich letztgültig in dieser Welt gezeigt hat. Kriege und Konflikte, akute Krisen, schlimme Ereignisse und Entwicklungen lassen uns immer wieder fragen, wo wir Gottes Gegenwart in unserer Welt fest machen können und wo wir Gott in unserem persönlichen Leben entdecken können. Nicht jeder von uns geht mit fröhlicher Feststimmung auf die Feiertage zu. Krankheit und Trauer, Sorgen und Ängste, Resignation und erschöpfte Kräfte lassen uns die Gegenwart Gottes zuweilen nur schwer erkennen. Damals wie heute war dies so. Der Heiland der Welt war in der Krippe im Stall ebenso verborgen, wie uns heute zuweilen Gott unerkennbar erscheint. Gerade darum betont der Hymnus so kraftvoll und eindrücklich die Grösse und Erhabenheit von Christus. Gerade darum stimmt er so ein überwältigendes Loblied an und führt die kosmische Dimension des Christus-Geschehens vor Augen. Er will es in die Herzen hinein singen: Gott ist es, der in Christus die Welt befreit und sie ihm anvertraut. In Jesus hat Gott zu uns geredet, in ihm zeigt sich Gottes Willen und seine Macht, seine Gnade und seine Hoheit.

Dass dieser Anspruch und diese Wirklichkeit sich so anders äussern, als wir dies von uns Menschen gewohnt sind, das irritiert und verunsichert.

Aber so ist es, singt jubelnd der Hebräerhymnus, es ist so, dass Gott diese Welt durchdringt und sie nicht mit brutaler Gewalt, nicht mit der Logik von Vergeltung und Rache, nicht mit den Mitteln von Unterdrückung und Unterwerfung bezwingt, sondern sie von sich selbst erlöst und damit alles zu seinem Erbe erklärt. Es beginnt mit dem Kind in der Krippe, es setzt sich fort im Wirken von Jesus, es überwindet Leid und Tod im Kreuz und in der Auferstehung von Jesus und setzt sich fort in seinem Geist, mit dem Christus unter uns lebendig ist, seine Welt und unser Leben trägt und zu dem Ziel bringt, das Gott vorherbestimmt hat. Darauf stimmt der Hymnus des Hebräerbriefes ein und darauf können auch wir einstimmen.

Printed by Books on Demand GmbH, Norderstedt / Germany